1판 1쇄 발행	2021년 4월 1일
글쓴이	인현진
그린이	나일영
편집	이용혁 박재언 이순아
디자인	문지현 오나경
펴낸이	이경민
펴낸곳	㈜동아엠앤비
출판등록	2014년 3월 28일(제25100-2014-000025호)
주소	(03737) 서울특별시 서대문구 충정로 35-17 인촌빌딩 1층
전화	(편집) 02-392-6901 (마케팅) 02-392-6900
팩스	02-392-6902
전자우편	damnb0401@naver.com
SNS	

ISBN 979-11-6363-341-9 (74400)

※ 책 가격은 뒤표지에 있습니다.
※ 잘못된 책은 구입한 곳에서 바꿔 드립니다.
※ 이 책에 실린 사진은 위키피디아, 셔터스톡에서 제공받았습니다.

도서출판 뭉치는 ㈜동아엠앤비의 어린이 출판 브랜드로, 아이들의 지식을 단단하게 만들어 주고, 아이들의 창의력과 사고력을 키워 주어 우리 자녀들이 융합형 창의 사고뭉치로 성장할 수 있도록 좋은 책을 만들겠습니다.

펴내는 글

만약 사랑하는 가족이 세상을 떠나면 어떤 마음이 들까?
마음이 아픈 친구들을 어떻게 대해야 할까?

　선생님의 질문에 교실은 한순간 조용해집니다. 인내심이 한계에 다다른 선생님께서 콕 집어 누군가의 이름을 부르는 순간 나는 걸리지 않았다는 안도감에 금세 평온을 되찾지요. 많은 사람 앞에서 어떻게 말을 해야 하나 고민해 보지 않은 사람은 없을 겁니다. 사람들 앞에서 자신의 생각을 조리 있게 전달하는 기술은 국어 수업 시간에만 필요한 것이 아닙니다. 학교 교실뿐만 아니라 상급 학교 면접 자리 또는 성인이 된 후 회의에서도 자신의 의견을 분명히 표현할 수 있어야 합니다. 하지만 어디서부터 시작해야 할지 몰라 입을 떼는 일이 쉽지 않습니다. 혀끝에서 맴돌다 삼켜 버리는 일도 종종 있습니다. 얼떨결에 한마디 말을 하게 되더라도 뭔가 부족한 설명에 왠지 아쉬움이 들 때도 많습니다.

　논리적 사고 과정과 순발력까지 필요로 하는 토론장에서 자신만의 목소리를 내려면 풍부한 배경지식은 기본입니다. 게다가 고학년으로 올라가서 배우는 수업과 진학 시험에서의 논술은 교과서 이상의 것을 요구합니다. 또한 상대의 의견을 받아들이거나 비판하기 위해서는 의견의 타당성을 검토하고 높은 수준의 가치 판단을 해야 하는 경우가 많은데, 자신의 입장을 분명히 하기 위해서는 풍부한 자료와 논거가 필요합니다.

　토론왕 시리즈는 사회에서 일어나는 다양한 사건과 시사 상식 그리고 해마다 반복되는 화젯거리 등을 초등학교 수준에서 학습하고 자신의 말로 표현할 수 있도록 기획

되었습니다. 체계적이고 널리 인정받은 여러 콘텐츠를 수집해 정리하였고, 전문 작가들이 학생들의 발달 상황에 맞게 스토리를 구성하였습니다. 개별적으로 만들어진 교과서에서는 접할 수 없는 구성으로 주제와 내용을 엮어 어린이 독자들이 과학적 사고뿐만 아니라 문제 해결력, 창의적 발상을 두루 경험할 수 있도록 하였습니다. 또한 폭넓은 정보를 서로 연결지어 설명함으로써 교과별로 조각나 있는 지식을 엮어 배경지식을 보다 탄탄하게 만들어 줍니다. 이러한 통합 교과형 구성은 국어를 기본으로 과학에서부터 역사, 지리, 사회, 예술에 이르기까지 상식과 사회에 대한 감각을 익히고 세상을 올바르게 바라보는 눈을 갖는 데 큰 도움이 될 것입니다.

『살아 있어 행복해! 곁에 있어 고마워! 소중한 생명』은 어린이들에게 생명의 소중함을 일깨워 주고 삶과 죽음이 완전히 분리된 의미가 아니라는 것을 알려 주는 책입니다. 우리나라가 OECD 가입국 중 아동 청소년의 자살률이 높다는 건, 사회 구조적인 문제이기도 하지만 어릴 때부터 생명 존중의 의미를 자연스럽게 익힐 계기가 없다는 것도 한 원인입니다. 이 책에서는 어린이의 입장에서 보는 삶과 죽음의 문제, 스트레스와 우울증 등의 심리적 요인을 살펴보고, 아름답고 행복한 삶을 위한 생명 존중의 가치를 되짚어 봅니다. 이 책을 읽고 어린이들이 삶과 죽음의 관계를 이해하고 스스로 행복한 삶을 이끌어 나갈 방법을 찾을 수 있기를 바랍니다.

편집부

 차례

펴내는 글 · 4
살아 있다는 건 소중한 거야 · 8

1장 살아 있어서 따뜻해요 · 11

봄꽃 / 지렁이는 죽으면 어디로 갈까?
봄이 되면 할아버지가 생각나요 / 아빠의 아빠 / 아빠의 마음

토론왕 되기! 가족 중 누군가 세상을 떠났다면 어떤 마음이 들까?

2장 살다 보면 가끔은 힘들 때도 있어요 · 35

여름 태풍 / 민우 오빠의 고민 / 좋아하던 아이돌 오빠가?
민우 오빠가 왜 그랬을까? / 엄마의 엄마

토론왕 되기! 자살을 생각하는 친구가 있다면 어떻게 해야 할까?

뭉치 토론 만화
마음이 힘들 때는 어떻게 할까? · 61

3장 살아서 좋은 날 · 69

가을 열매 / 엄마의 언니 / 새로운 친구

민우 오빠가 돌아왔어요! / 세상에서 가장 맛있는 사과파이

`토론왕 되기!` 스트레스가 심할 때 어떡하면 좋을까?

4장 삶이 주는 행복 · 95

겨울 함박눈 / 눈싸움 / 생명들의 겨우살이

새해 해돋이 / 다시 봄

`토론왕 되기!` 자신이 소중한 존재라고 여기려면 어떤 긍정적인 생각을 하면 좋을까?

어려운 용어를 파헤치자! · 121

소중한 생명 관련 사이트 · 122

신나는 토론을 위한 맞춤 가이드 · 123

🌼 봄꽃

"와, 따뜻해."

강물이는 햇빛 속에서 두 눈을 감았다 떴어요. 봄 햇살은 강물이의 속눈썹을 간지럼 태우다 통통한 두 볼을 미끄럼틀처럼 타고 내려왔지요. 불과 몇 주 전까지만 해도 볼에 와 닿는 햇빛은 얼음이 섞인 듯 차가웠는데, 오늘은 솜털처럼 부드러워요. 보드라운 느낌에 기분이 젤리처럼 말랑말랑해졌어요. 봄은 햇빛과 바람이 함께 손잡고 오나 봐요.

수업이 끝난 후 집으로 돌아오는 길. 강물이가 사는 동네는 아파트 단지였지만 산책로에 작은 개천도 있고, 계절마다 다른 꽃들을 피우는 초록 잎 울창한 나무도 많았어요. 아파트 위로 보이는 파란 하늘엔 구름이 넓게 펼쳐져 있어요. 강물이는 하늘도 보고, 물도 보고, 나무도 보면서 집으로 돌아오는 길을 좋아했어요. 덕분에 집으로 오는 시간이 조금씩, 조금씩 길어져서 엄마의 잔소리를 듣곤 했지만요.

어릴 때부터 강물이는 길에서 만나는 것들에 호기심이 많았어요. 어느 날은 개미들의 행렬을 발견하고 한참을 바라보곤 했지요. 물가에 앉아 작은 물고기들이 날쌔게 헤엄치는 걸 보거나 나뭇가지에 앉아 있다가 일시에 포르르 날아가는 새들을 보는 일도 좋아했어요.

강물이의 눈에는 똑같은 것이 하나도 없었어요. 나무는 나무처럼 생겨서 좋고, 물고기는 물고기처럼 생겨서 좋고, 새들은 새들처럼 생겨서 좋았어요. 하늘에 떠 있는 구름도 모양이 계속 달라지는 게 신기했어요. 학교에도 강물이와 똑같이 생긴 아이는 한 명도 없었어요. 옆 반 쌍둥이도 자세히 보면 서로 다른 점이 있었지요.

발걸음 가볍게 걸어가던 강물이가 갑자기 걸음을 멈추었어요. 길가에 노란 꽃이 피어 있는 것이 보였어요. 강물이가 아는 꽃은 아니에요. 개나리도 아니고, 민들레도 아니고, 그냥 노란 꽃이에요. 이름을 몰라도 예쁘게 반짝거렸지요.

"우와, 넌 이름이 뭐니?"

강물이는 손으로 꽃잎을 살살살 만져 봤어요. 보들보들한 꽃잎이 손끝에 느껴졌어요. 아기 얼굴을 만지는 것처럼 조심스럽게 쓰다듬었어요. 꽃잎은 어쩌면 이렇게 보드라울까요. 노란 꽃잎을 가만히 들여다보는데 어디선가 야옹, 야옹 하는 소리가 들렸어요.

"야옹아, 야옹아."

강물이가 야옹이 소리를 흉내 냈어요. 가끔 길에서 만나던 아기 고양이가 틀림없어요. 일부러 먹을 걸 가져와서 주곤 했는데 최근엔 기다려도 오질 않았거든요. 반가운 마음에 몇 번 더 불렀어요. 나무 뒤에서 고양이가 얼굴을 쏙 내밀었어요.

잠시 고양이와 강물이는 서로를 바라봤어요. 갈색 얼룩 고양이는 못 보던 사이에 조금 더 큰 것 같았어요.

"야옹아, 안녕? 잘 지냈어?"

강물이는 고양이가 놀랄까 봐 가만히 손을 흔들었어요. 먹을 걸 주고 싶었지만 오늘은 아무것도 없어요. 간식을 주고 싶은 마음에 얼른 집에 가려고 일어났어요. 그런데 고양이가 놀랐나 봐요. 나무 뒤로 쏙 숨어 버리는가 싶더니 후다닥 가 버리네요.

 지렁이는 죽으면 어디로 갈까?

강물이는 아쉬운 마음에 몇 번이나 고양이가 사라진 곳을 바라봤어요. 며칠을 기다려야 또 볼 수 있을까요? 다음에 만나면 간식을 주고 싶어요. 내일부터는 주머니에 꼭 먹을 것을 챙겨 넣고 다닐 거예요. 노란 꽃을 좀 더 보고 싶었지만 더 늦으면 엄마한테 혼날 것 같았어요. 가방을 고쳐 메고 총총총 발걸음을 옮겼어요.

가끔 뒤돌아보기도 하면서 강물이는 집으로 걸어갔어요. 집으로 가는 산책로엔 살아 있는 생물들이 많았지만 가끔은 지렁이나 작은 곤충들이 죽어 있는 걸 볼 때도 있었어요. 그런 날은 기분이 좀 이상했지요.

'이 지렁이는 왜 죽었을까? 누가 죽인 걸까?'

궁금했어요. 지렁이뿐만이 아니에요. 풀에서 툭툭 뛰어오르며 신나게 사는 것 같은 곤충들이 죽어 있을 때도 있었어요. 며칠 전 비가 온 후부터 풀숲에서 지렁이들이 나오곤 했어요. 지렁이를 밟지 않으려고 조심스레 걷는데 길가에 죽어 있는 지렁이를 발견했지 뭐예요. 몸통이 납작해져 있었지요. 좀 더 가까이에서 보려고 하는데 엄마 목소리가 들렸어요.

"윤강물! 학교 끝나면 바로 오라고 했지?"

"엄마! 여기 지렁이가 죽어 있어."

"지렁이?"

엄마는 아이고, 하면서 강물이에게 다가왔어요. 강물이가 왜 늦었는지 다 아는 듯한 얼굴이었어요. 한 걸음 걷다가 궁금한 걸 보고, 또 한 걸음 걷다가 궁금한 걸 보고 그랬을 테지요.

"엄마, 왜 이 지렁이만 여기서 죽어 있어?"

"길을 지나려고 했을 텐데, 누가 모르고 밟은 게 아닐까?"

강물이는 죽은 지렁이가 가여웠어요. 길을 건너지 않고 풀숲에 그대로 있었더라면 더 살 수 있었을 텐데요.

1장 살아 있어서 따뜻해요

"지렁이는 죽으면 어디로 가? 지렁이가 가는 하늘나라도 있어?"

"하늘나라?"

"할아버지가 있는 하늘나라, 거기로 가는 거야?"

"강물아, 할아버지가 생각나니?"

"응. 많이 생각나."

"엄마도 그래."

강물이는 엄마의 손을 꼭 잡았어요. 할아버지가 잡아 주던 손처럼 따뜻했어요.

봄이 되면 할아버지가 생각나요

강물이 할아버지는 작년 봄에 돌아가셨어요. 3년 전 암 진단을 받고 난 후 수술도 여러 번 하고 항암 치료도 받았는데, 몸에 암세포가 많이 퍼지고 말았어요. 할아버지는 수술은 더 이상 하지 않겠다며 호스피스 병원으로 가겠다고 했어요. 아빠는 할아버지의 뜻에 반대했어요. 화를 내기도 했지요.

"아버지, 마음 약해지시면 어떡해요. 일단 해 볼 수 있는 건 다 해 봐야죠!"

할아버지는 아빠를 바라보기만 하다가 낮은 목소리로 말했어요.

"할 만큼 하지 않았니. 그러니 이젠 내 뜻대로 하게 해 다오."

할아버지의 말씀에 아빠는 더 이상 아무 말도 하지 못하다가 말없이 병실을 나갔어요. 엄마가 뒤따라 나가고, 강물이는 병실에 남아 있었지요. 아빠랑 엄마를 따라가면 할아버지 혼자 남게 되잖아요. 강물이는 할아버지한테 가까이 다가갔어요.

"강물아, 할아버지 때문에 아빠 화났지?"

"나도 가끔 혼날 때 있어요. 아빠 말 안 들으면. 할아버지도 아빠 말 안 들어서 그런 거예요."

"허허, 그래. 그러네."

"그래도 괜찮아요. 할아버지 맘대로 해요."

할아버지가 눈을 동그랗게 떴어요.

"그래도 될까?"

"그럼요. 할아버지 아프잖아요. 아플 땐 좀 맘대로 해도 돼요."

강물이는 할아버지 손등을 토닥토닥해 주었어요. 강물이도 아플 땐 아빠한테 어리광도 피우고 엄마한테 먹고 싶은 간식도 만들어 달라고 해요. 그런데 할아버지는 아빠도 없고 엄마도 없어요. 아주 오래전에 돌아가셨지요. 어렸을 때 강물이가 돌아가신 게 무슨 뜻이냐고 물으니까 아빠는 '하늘나라'에 가는 거라고 했어요.

"가서 아빠 좀 오라고 해라."

강물이는 고개를 끄덕이고 아빠를 찾으러 갔어요. 아빠와 엄마는 의사 선생님이랑 뭔가 이야기를 나누고 있었어요. 뭔가 '심각한' 이야기를 나누고 있는 게 틀림없었어요. 아빠가 눈과 눈 사이에 잔뜩 주름을 잡고 있었거든요. 아빠랑 엄마는 심각한 이야기를 나눌 때면 꼭 저런 표정이었어요.

그날 밤, 아빠와 할아버지는 오래 이야기를 나눴어요. 그리고 할아버지가 원하던 대로 호스피스 병원으로 옮겼지요. 1주일에 한 번씩 엄마와 아빠와 강물이는 할아버지를 보러 갔어요. 그리고 오늘처럼 노란 꽃이 피어난 날, 할아버지는 '하늘나라'로 떠났어요.

더 이상 할아버지는 볼 수 없었지만 강물이의 마음 안에는 여전히 할아버지가 살아 있었어요. 목소리도 기억했고요. 할아버지를 마지막으로 보던 날, 할아버지는 강물이의 손을 꼭 잡고 이렇게 말했어요.

"우리 강물이, 세상에서 제일 사랑해. 할아비는 우리 강물이가 세상에서 제일 예뻐."

죽음, 어떻게 받아들여야 할까?

엘리자베스 퀴블러-로스(1926년~2004년)는 스위스 출신의 미국 정신과 의사로, 죽음에 관한 분노의 5단계 이론을 처음 논의한 인물이에요.

- **1단계** 죽는 과정 부정하기
- **2단계** 내가 왜 죽어야 하냐고 화내기
- **3단계** 조금만 더 살게 해 달라고 타협하기
- **4단계** 우울감에 빠지기
- **5단계** 결국 받아들이기

모든 사람들이 이 단계를 거치는 건 아니지만, 처음부터 죽음을 쉽게 받아들이는 사람은 거의 없을 거예요. 당사자뿐만 아니라 가족도 마찬가지고요. 고대 이집트나 티베트 사람들은 사후에 더 좋은 세계가 있을 것으로 믿었기에 죽음을 축복처럼 준비했다고 해요. 반대로 현실을 중요시하는 문화 속에 사는 사람들은 질병, 노화, 죽음을 쉽게 받아들이기 힘들지요. 죽음 이후의 세계가 어떨지는 아무도 모르지만, 죽음을 생각하기에 오히려 현재를 더 진실하게 살아갈 수 있지 않을까요? 여러분은 죽음에 대해서 어떻게 생각하나요? 막막하고 무섭기만 한가요?

 아빠의 아빠

오늘은 할아버지가 돌아가신 지 1년이 되는 날이에요. 엄마는 평소 할아버지가 좋아하던 음식을 준비했어요. 할아버지가 돌아가신 후 아빠는 몇 달 동안 기운이 없었어요. 할머니는 아빠가 대학생 때 돌아가셨기 때문에 엄마랑 결혼하기 전까지는 할아버지랑 둘이 살았어요.

할머니 이야기는 할아버지한테 자주 들었어요. 서울 살던 할머니가 방학 때 놀러 왔는데 시골 소년이던 할아버지가 첫눈에 반했대요. 할아버지가 할머니 얘기를 할 때면 꼭 옆집 민우 오빠 같아요. 민우 오빠는 중학교 2학년인데, 정말로 닮았다니까요. 이 이야기를 하니까 할아버지는 허허허허, 큰 소리로 웃었어요.

아빠는 이제 엄마 아빠가 다 없어진 거예요. 그 생각을 하니까 강물이는 많이 슬펐어요. 강물이라면 엄마 아빠 없이 혼자 살아갈 수 있을까요? 찾아보면 엄마 아빠 없이 혼자 사는 친구들도 있겠죠? 엄마 아빠가 없다는 생각만 해도 이렇게 눈물이 펑펑 나는데, 정말로 엄마 아빠 없이 사는 친구들은 얼마나 외롭고 힘들까요?

할아버지 생각을 해도 슬펐어요. 강물이가 장난을 쳐도 "허허, 우리 강물이가 세상에서 제일 예뻐."라고 말해 주고, 궁금한 게 생겨 자꾸 물어도 "허허, 우리 강물이가 세상에서 제일 똑똑해."라고 말해 주던 할아

버지였어요. 엄마가 자꾸 그러면 버릇 나빠진다고 해도 "괜찮다, 괜찮아."라고 강물이 편을 들어주었지요.

아빠는 한 달 동안 밥도 잘 못 먹고, 잠도 잘 못 잤어요. 엄마와 강물이는 걱정을 많이 했어요. 엄마는 아빠와 함께 심리 상담을 받으러 갔어요. 심리 상담을 받고 돌아온 아빠와 엄마는 '애도'라는 말을 종종 했어요. 강물이에겐 좀 어려운 말이었는데, 애도는 죽은 사람을 생각하고 그리워하는 시간을 충분히 갖는다는 뜻이래요.

엄마랑 아빠가 이런저런 이야기를 나눌 땐 강물이도 옆에서 궁금한 걸 물었어요. 어려운 말도 있었고, 설명을 들어도 잘 모르는 것도 있었지만, 엄마 아빠와 할아버지 이야기를 하는 건 좋았어요. 우리가 할아버지 이야기도 하지 않고 빨리 잊어버린다면 할아버지가 섭섭해할 것 같았거든요.

지금은 아빠도 괜찮아졌어요. 오늘도 할아버지에 대한 이야기를 많이 했어요. 강물이에게는 할아버지에 대한 좋은 기억들이 아주 많이 있어요. 생일날만 되면 할아버지가 장난감도 사 주고 맛있는 것도 사 주었어요. 가족 여행을 갔을 땐 재미있는 이야기로 즐겁게 해 주었지요. 엄마랑 아빠랑 크게 싸운 날이 있었는데, 그때도 할아버지가 엄마 이야기를 잘 들어주었어요. 강물이의 눈에 할아버지는 어려운 문제를 척척 해결하는 마법사 같았어요.

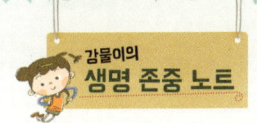

 애도는 어떤 감정일까?

 자신에게 중요한 대상을 상실했을 때 나타나는 정서적 고통을 애도라고 해요. 사랑하는 가족이나 연인을 잃었을 때 이런 감정이 들지요. 영국의 정신과 의사 존 보울비(1907~1990)는 애도 반응이 4단계에 걸쳐 나타난다고 했어요.

1단계 충격에 빠지는 시기로, 사랑하는 사람이 떠났다는 걸 받아들이기 힘들고, 자신한테 왜 이런 상황이 닥쳤는지 분노하는 감정이 생기죠.

2단계 사랑하는 사람이 보고 싶어 찾아 헤매는 단계로, 그와 관련된 사람들을 찾아가 이야기를 나누거나 연락을 하지요. 하지만 만날 수 없으니 좌절감과 분노, 슬픔 등이 더욱 커지게 돼요.

3단계 점차 사랑하는 사람이 떠났다는 것을 받아들이면서 우울해하거나 절망감에 빠지는 시기예요.

4단계 점자 평소 자신의 생활로 돌아오는 시기로, 사랑하는 사람을 잃었다는 슬픔과 동시에 그와 함께했던 행복한 시간들을 떠올리며 기쁨을 느끼기도 해요.

이런 애도 반응은 나이와 상관없이 수개월에서 1년 넘게 지속되는데, 상실감에서 벗어나지 못하고 우울감이 지속되면 의사 등 전문가에게 도움을 요청하는 게 좋아요.

할아버지가 돌아가신 후 강물이는 사람이 죽으면 어떻게 되는지 궁금해졌어요. 그건 강물이에게 정말 어려운 문제였거든요. 할아버지에게 물어봤다면 뭐라고 말해 주었을까요?

아빠의 마음

저녁을 먹고 강물이는 아빠랑 강아지 솜솜이랑 산책을 나갔어요. 솜솜이는 저녁 산책을 엄청나게 좋아해요. 집 밖으로 나갈 시간이라는 걸 눈치채는 순간부터 꼬리를 흔들기 시작해요. 꼬리를 어찌나 흔드는지 저러다 꼬리가 끊어지면 어쩌나, 가끔은 걱정이 될 정도예요.

아빠는 솜솜이가 충분히 냄새를 맡을 수 있도록 기다려 주었어요. 물론 사람들에게 피해를 주지 않도록 목줄을 채우고 길을 잘 안내하는 것도 잊지 않았지요.

산책을 하다가 낮에 지렁이가 죽어 있던 곳을 지나가게 됐어요. 그런데 지렁이가 보이지 않네요!

"아빠, 여기 지렁이 있었는데 없어졌어!"

"지렁이?"

"응. 누가 밟았는지 납작해져서 죽어 있었거든."

"저런, 나중에 아빠랑 또 보게 되면 같이 묻어 주자."

엄마는 식물을 좋아했지만 아빠는 동물을 좋아했어요. 작은 동물들도 곤충들도 가리지 않았지요. 강물이가 나무와 꽃을 좋아하는 건 엄마의 영향이었지만, 동물들을 좋아하는 건 아빠의 영향이었어요. 어렸을 때부터 새나 곤충의 이름을 알려 주고, 죽은 동물이 보이면 정성스레 무덤도 만들어 주었거든요.

아빠는 강물이가 어렸을 때부터 다양한 동물을 함께 길렀어요. 햄스터, 거북이, 금붕어 등을 키웠는데, 잘 자라는 것 같다가도 어느 날 학교에서 돌아와 보면 죽어 있곤 했어요. 햄스터가 죽었을 땐 다시는 동

물을 키우지 않을 거라고 결심하기도 했어요. 동생처럼 소중히 여기던 햄스터를 묻어 준 날엔 너무 울어서 눈이 퉁퉁 부었지요. 그리고 만난 친구가 바로 솜솜이였어요.

솜솜이는 지렁이가 있던 곳을 킁킁거리며 냄새를 맡더니 금세 다른 곳으로 관심을 돌렸어요. 먹을 것이 있는지 찾는 게 틀림없어요. 솜솜이는 먹는 것을 많이 좋아해요. 땅에 떨어진 것도 주워 먹으려고 할 때가 많아서 솜솜이를 데리고 산책을 할 때면 여간 힘든 게 아니에요.

사실 솜솜이는 강물이를 자기 동생쯤으로 아는 것 같아요. 솜솜이는 엄마를 제일 좋아하고, 그다음엔 아빠를 잘 따랐어요. 밥 주고 산책시켜 주는 사람이 엄마 아빠다 보니 그런가 봐요. 하지만 솜솜이랑 가장 많이 놀아 주는 사람은 강물이였어요. 신나게 놀아 주고 장난치고 그러니까 정말 동생으로 생각하는지도 몰라요.

강물이는 총총 뛰어다니는 솜솜이를 보며 솜솜이가 없는 세상을 생각해 봤어요. 엄마가 없는 세상, 아빠가 없는 세상도 생각해 봤어요. 생각만으로도 눈물이 날 것 같았어요. 그런데 아빠를 잃은 아빠 마음은 어땠을까요?

"아빠, 할아버지 보고 싶지?"

"그럼, 보고 싶지."

"엄마도 많이 보고 싶다고 했어. 나도 보고 싶다."

"와, 할아버진 좋겠네. 우리 가족의 사랑을 듬뿍 받아서."

"맞아. 근데 아빠는 괜찮아? 엄청 슬퍼했잖아."

아빠가 걸음을 멈추고 무릎을 꿇더니 강물이와 눈높이를 맞추며 말했어요.

"지금도 좀 슬픈데, 그래도 괜찮아. 강물이도 있고, 엄마도 있고, 솜솜이가 있잖아."

아빠는 강물이를 꼭 안아 주었어요. 아빠의 따뜻한 체온이 느껴졌어요. 봄날 오후의 햇볕처럼, 할아버지가 잡아 주던 손의 온기처럼 따뜻했어요.

삶과 죽음

" 죽는다는 게 뭐예요?
죽으면 어떻게 돼요?
엄마, 아빠가 죽으면
누가 날 키워 주나요?
사람은 왜 죽어요?
죽은 사람은 지금 어디에 있어요?
죽은 사람은 왜 다시 돌아오지 않죠? "

'죽음'은 모든 것과의 단절이며, 인간이 생명을 잃게 되는 것이에요. 인간이라면 누구나 언젠가 맞이할 수밖에 없지요. 사랑하는 가족이나 오랫동안 키운 반려동물의 죽음은 우리들에게 큰 스트레스가 돼요. 이미 가까운 이의 죽음을 경험한 적이 있다면, 미래에 닥쳐올 또 다른 죽음을 걱정하며 상당히 불안해할 수도 있지요. 그렇다면 죽음은 무섭고 두렵고 괴로운 것이기만 한 걸까요? 만약 죽지 않고 영원히 산다고 하면 마냥 행복할까요?

행복과 불행, 기쁨과 고통이 서로 떨어져 있는 것이 아니듯 삶과 죽음 또한 함께 존재하는 것이에요. 삶과 함께 있는 죽음을 부정하는 것은 곧 삶을 부정하는 것이라고 할 수 있어요. 아무리 평생 잘 살았다고 해도 편안한 죽음을 맞이하지 못한다면, 그 사람이 '잘 살았다'고 할 수 있을까요? '웰빙(Well-being, 삶의 질)'과 '웰다잉(Well-dying, 죽음의 질)'은 어쩌면 떼려야 뗄 수 없는 관계일 거예요. 죽음은 끝이 아니라 삶의 연장이고 마지막 완성이라고 할 수 있다고 전문가들은 말해요. 죽음을 부정적이고 외면하고 싶은 것으로 생각하면 삶에 대해서도 긍정적인 생각을 갖기가 힘들어진답니다.

주요 국가의 죽음의 질 지수 순위

순위	국가	점수
1	영국	93.9
2	호주	91.6
3	뉴질랜드	87.6
4	아일랜드	85.8
5	벨기에	84.5
6	대만	83.1
7	독일	82.0
8	네덜란드	80.9
9	미국	80.8
10	프랑스	79.4
14	일본	76.3
18	한국	73.7

(자료: 이코노미스트 인텔리전스 유닛, 2015, 100점 만점)

가족 중 누군가 세상을 떠났다면 어떤 마음이 들까?

죽음으로 인한 이별은 너무나 힘든 일이에요. 특히 내가 사랑하는 가족의 죽음을 맞이하는 일은 이루 말할 수 없는 슬픔과 공허함을 가져다주지요. 예를 들어 어제까지 같이 살던 가족이 갑자기 세상을 떠나면 남은 가족들은 어떤 마음이 들까요? 죽음에 대한 준비 기간을 가지고 있던 중증 환자나 나이가 지긋한 분이라면, 가족들은 어쩌면 담담하게 받아들일 수도 있을 거예요. 하지만 건강하던 사람이 사고로 세상을 급작스레 떠나면 우울감과 상실감으로 일상생활이 힘들어질 수도 있어요.

가족 중 누군가의 죽음으로 맞이하는 감정은 그 사람과의 친밀도에 따라 극복하는 시간이 다르다고 해요. 내가 가장 사랑하던 사람이라면 언제 어디서나 생각날 것이고 또 그 빈자리로 인한 우울감은 항상 찾아오겠지요. 가까운 가족의 죽음은 사람들에게 큰 슬픔을 주는 일이에요.

가족 중 누군가 죽었을 때 그 빈자리를 채울 수 있는 것은 남은 가족들이에요. 가족들이 마음을 터놓고 대화하면서 서로를 위로하고 격려하며 함께 슬픔을 극복하는 것이 좋아요.

그렇다면 가족 중 누군가 죽었을 때 어떤 이야기를 나누는 게 좋을까요? 죽음이라는 슬픔 앞에서 사람들은 섣불리 말을 꺼내기가 어려워요. 혹시 내가 하는 말이 슬픔을 더 키우지는 않을까 걱정하고, 혹시 침묵하면 무관

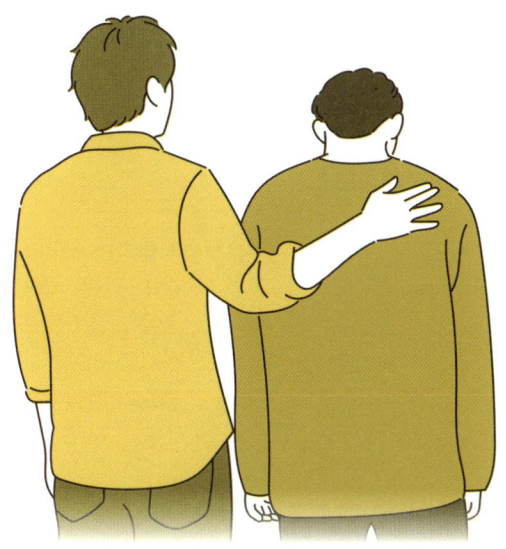

심으로 느껴질까 봐 두렵기 때문이지요.

하지만 가족이기에 함께했던 긴 시간 동안 많은 추억이 있을 거예요. 고인과 함께했던 즐거운 일들이나 가족이 함께했던 행복한 기억들을 떠올리며, 남은 가족에게 용기를 북돋아 주는 말을 해 볼까요?

그렇게 남은 가족끼리 서로를 의지하고 응원하며 상처받은 마음을 돌본다면, 가족을 잃은 슬픔을 치유하는 데 많은 도움이 될 거예요.

어찌 보면 죽음도 삶의 한 과정이에요. 아주 힘들고 슬픈 일이지만 누구나 한 번은 겪어야 할 일이지요. 그러므로 우리는 죽음을 삶의 과정으로 받아들이며 고인을 잘 보내 드리는 연습이 필요해요.

체크하기

다음 중 영국의 정신과 의사 존 보울비가 말한 애도 반응 4단계에 해당되지 않는 것은 무엇일까요?

1 떠난 사람을 너무나도 그리워하는 시기로, 몇 년이 지나도 슬픔이 지워지지 않아요.

2 사랑하는 사람이 보고 싶어, 그와 관련된 사람들을 찾아가 이야기를 나누거나 연락을 하지요. 하지만 그를 만날 수 없으니 좌절감과 분노, 슬픔 등이 더욱 커지게 돼요.

3 점차 사랑하는 사람이 떠났다는 것을 받아들이면서 우울해 하거나 절망감에 빠지는 시기예요.

4 점차 평소 자신의 생활로 돌아오는 시기로, 사랑하는 사람을 잃었다는 슬픔과 동시에 그와 함께했던 행복한 시간들을 떠올리며 기쁨을 느끼기도 해요.

5 충격에 빠지는 시기로, 사랑하는 사람이 떠났다는 걸 받아들이기 힘들고, 자신한테 왜 이런 상황이 닥쳤는지 분노하는 감정이 생기죠.

 여름 태풍

　태풍이 북상하고 있다는 소식이 들렸어요. 강물이는 엄마와 텔레비전을 보면서 비가 얼마나 많이 올지, 창문이 깨지지는 않을지 걱정했어요. 몇 년 전 여름, 큰 태풍이 왔을 때 창문이 깨진 집도 있다고 들었거든요.
　뉴스에서 날씨를 알려 주는 아나운서의 목소리도 평소와 달리 심각했어요. 엄마는 외할머니에게 전화를 했어요. 외할머니는 신경통이 있어서 평소에도 비가 많이 오면 다리랑 어깨가 아프다고 했거든요.
　오후가 되면서 파랗던 하늘도 시시각각 회색으로 변하면서 캄캄해지고, 번개가 치기도 했어요.

하지만 강물이는 날씨를 크게 걱정하지 않았어요. 여름 방학이라 머릿속은 놀러 갈 생각으로 가득했거든요. 강물이는 방금 전에 엄마한테 물어본 걸 또 물어봤어요.

"엄마, 우리 바다 가기로 한 날 며칠 남았지?"

"아이고, 윤강물! 너 오늘 벌써 열 번도 더 물었다."

"피, 내가 언제 열 번이나 물었다고 그래."

"진짜야."

"열 번 물으면 열 번 대답해 주면 되잖아."

"하여튼 한마디를 안 져요. 너도 나중에 너 같은 딸 낳아 봐."

강물이는 입술을 삐죽 내밀었어요. 엄마야말로 그 말을 열 번도 더 했다니까요.

"나 같은 딸이면 효녀지, 효녀."

엄마가 참지 못하고 웃음을 터뜨렸어요. 엄마는 뭐가 그렇게 웃긴 걸까요. 강물이는 고개만 갸웃거렸어요. 옆에 있던 솜솜이도 귀를 쫑긋 세웠어요.

"아빠 왔다."

강물이는 얼른 현관으로 뛰어나갔어요. 퇴근길에 치킨을 사 온다고 했거든요. 배달을 시키면 편한데 꼭 직접 사 온다고 엄마는 뭐라고 하지만 강물이는 아빠가 직접 사 오는 게 좋아요. 아빠가 손으로 건네주

 는 치킨은 더 맛있게 느껴지거든요. 온 가족이 둘러앉아 먹는 치킨은 정말 꿀맛, 아니 꿀 치킨 맛이에요.

 치킨을 막 먹기 시작할 무렵 천둥이 치더니 비가 쏟아지기 시작했어요. 솜솜이가 왈왈 짖더니 식탁 밑으로 들어왔어요. 천둥이 무서워서인지 치킨이 먹고 싶어서인지 모르겠어요. 치킨을 주고 싶었지만 엄마가 강아지는 염분 때문에 절대 안 된다고 해서 참았어요. 치킨을 엄청 먹고 싶어 하는 솜솜이를 보고 있기만 하는 건 좀 힘든 일이에요.

솜솜이를 보면 늘 행복한 것 같은데 이럴 땐 아닌 것 같아요. 치킨 냄새를 맡으면서도 먹질 못하는 솜솜이는 식탁 아래에서 뱅글뱅글 돌았어요. 천하태평 솜솜이도 어쩌지 못하는 일이 있네요. 살다 보면 누구에게나 조금은 힘든 일도 있기 마련인가 봐요.

민우 오빠의 고민

치킨을 다 먹은 후 강물이는 식탁을 닦고 아빠와 엄마는 설거지를 했어요. 아빠는 작년부터 식기세척기를 사자고 했지만 엄마는 늘 단호하게 "안 돼!"라고 말했어요.

아빠는 새로운 기계가 나오면 무조건 사고 싶어 해요. 게임기나 텔레비전, 휴대 전화도요. 이럴 때 강물이는 늘 아빠 편이에요. 아빠랑 한편이 되어 열심히 졸라 봐도 엄마의 반대는 언제나 에베레스트산만큼이나 높아요.

아빠는 "식기세척기를 사면 얼마나 편한지 아냐.", "빨래 건조기보다 더 신박하다."며 엄마를 열심히 설득 중이지만 엄마는 끄떡도 안 해요.

"설거지할 시간에 게임하고 싶어서 그러지?"

"에이, 내가 애야? 당신 고생하니까 그렇지."

"오호, 고마워라. 그럼 설거지는 당신이 전부 맡아서 하면 되겠네."

"응? 그, 그래. 그런데 설거지할 시간에 오순도순 대화도 나누고 그럼 얼마나 좋아."

"그렇지. 당신이랑 이렇게 설거지하면서 대화 나누니까 좋네, 좋아."

말싸움에서 엄마를 이길 사람은 아무도 없어요. 아빠가 강물이를 슬쩍 돌아봤어요. 강물이는 엄마 몰래 "아빠, 파이팅!"을 소리 없이 입 모양으로만 말했지요. 설거지를 다 끝내고 접시를 행주로 닦다가 아빠가 엄마한테 물었어요.

"그런데 앞집에 무슨 일 있어?"

"왜?"

"아까 보니까 민우가 혼자 놀이터에 앉아 있던데."

"그게 뭐가 이상해?"

"무슨 고민이 있는지 이름을 불러도 못 듣는 것 같더라고."

"하긴 요즘 얼굴이 좀 어둡긴 하더라."

강물이도 대화에 끼어들었어요.

"난 왜 그런지 알아."

"왜 그러는데?"

"시험을 못 봐서 그래."

"민우가? 반에서 늘 1등만 하잖아."

"그랬지. 그런데 이번엔 잘 못 봤대. 공부가 하기 싫어졌대."

강물이의 말에 엄마가 눈을 동그랗게 떴어요.

"그건 어떻게 알았어?"

"어제 놀이터에서. 오빠가 그네 밀어 주면서 나보고 넌 실컷 놀아서 좋겠다, 그랬거든."

"그래서?"

"그건 오빠가 모르는 소리라고 했지. 내가 얼마나 바쁜데."

강물이의 말이 끝나자마자 엄마와 아빠는 '풋!' 소리를 내면서 웃었어요. 그것도 두 사람이 동시에 말이에요.

"왜 웃어? 내가 진짜 얼마나 바쁜데!"

"그래, 그래. 우리 윤강물 바쁘지, 바빠."

엄마가 놀리듯 말했지만 강물이는 진지했어요. 학교에서 집으로 오는 길만 해도 그래요. 볼 게 너무 많고 궁금한 것도 너무 많아서 하루가 정말 짧다고요. 엄마 아빠는 민우 오빠에 대한 이야기를 계속했어요.

민우 오빠랑 이웃이 된 지는 벌써 5년이 넘었어요. 처음 만난 건 민우 오빠가 열 살 때, 지금 강물이랑 같은 나이였을 때였어요. 강물이는 꼬맹이 다섯 살이었고요. 민우 오빠는 강물이를 엄청 예뻐했어요. 먹을

것도 잘 주고, 놀이터에서 만나면 그네도 밀어 주고, 자전거도 가르쳐 주었어요. 강물이는 또래 친구들보다 자전거를 빨리 배우고 잘 탔는데, 그건 모두 민우 오빠의 '특훈' 덕분이었지요.

민우 오빠는 학교에서 전교 회장도 하고 공부도 잘하고 친구들도 많았어요. 그런 민우 오빠가 무슨 고민이 있어서 다 늦은 저녁에 집에도 안 들어가고 혼자 놀이터에 있었을까요? 뭔지 잘 모르지만 민우 오빠를 만나면 꼭 고민을 들어줘야겠다고 강물이는 생각했어요. 힘든 일이 있을 때 혼자만 생각하는 것보다 같이 이야기하면 마음이 훨씬 더 가벼워지니까요.

좋아하던 아이돌 오빠가?

민우 오빠를 못 본 지 며칠이 지났어요. 놀이터에서 기다려도 통 볼 수가 없었어요. 엄마한테 물어봐도 대답을 안 해 줬어요. 엄마는 민우 오빠에 대해 무언가를 아는 눈치였는데, 강물이에겐 비밀로 하는 것 같았어요. 민우 오빠한테 정말 무슨 일이 있는 건지 걱정이 됐어요.

강물이의 마음을 무겁게 한 일이 또 한 가지 생겼어요. 아침에 학교에 가니 난리가 났어요. 요즘 애들한테 인기 많던 아이돌 오빠에게 큰 일이 생겼대요. 강물이도 좋아했던 아이돌 오빠였는데, 왜 그런 일이 생긴 걸까요?

"그룹 안에서 따돌림을 당했대."

"오래전부터 우울증을 앓았대."

"너무 일을 많이 해서 힘들었을 거야."

친구들은 온갖 소문을 꺼내어 이야기했어요. 하지만 어느 것이 사실인지 알 수 없었어요. 그날 인터넷엔 온통 그 소식만 잔뜩 나왔어요. 우는 아이들도 있었어요. 특히 짝꿍인 민지가 많이 걱정하고 울었어요. 반 친구들은 휴대 전화로 그 기사만 검색했어요.

인터넷 기사엔 너무 많은 이야기들이 있었어요. 강물이가 이해하기엔 어려운 단어와 이야기들도 있었어요. 어떤 게 사실이고, 어떤 걸 믿어야 할지 혼란스럽기만 했어요. 음악 방송에선 활짝 웃는 얼굴로 노래하고 춤추고, 예능 방송에서도 웃기는 이야기를 잘했던 아이돌 오빠였어요. 그렇게 밝은 모습이었는데 왜 그랬을까요?

"우리 오빠, 얼마나 힘들었을까."

민지는 하루 종일 아이돌 오빠 이야기만 했어요.

"전에 방송 나왔을 때 힘들다고 했는데, 같이 있던 사람들이 웃기만 했어."

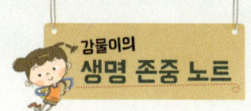

좋아하던 사람이 자살하면, 왜 따라 하고 싶은 마음이 들까?

'베르테르 효과'라고 들어 봤나요? 연예인이나 유명인 등 자신이 롤 모델로 삼고 있던 사람이 자살할 경우, 그 사람과 자신을 비슷하다고 느껴서 따라서 자살을 시도하는 행위를 말해요. 18세기 독일 괴테의 소설『젊은 베르테르의 슬픔』의 주인공 베르테르가 권총 자살을 하면서 독자들이 베르테르처럼 자살한 데서 유래한 말이지요. 실제로 정신적으로 힘들어하는 사람들은 유명 연예인이 갑작스럽게 죽음을 맞이했을 때, 자신도 세상을 떠나고 싶어 하는 충동을 많이 느낀다고 해요. 가족이 세상을 떠났을 때도 비슷한 감정을 느낄 수 있지요. 이럴 땐 떠난 사람을 추억하고 기억하는 '애도' 과정을 잘 받아들이는 게 중요해요. 슬프고 괴로운 감정을 억누르는 것보다는 주변 사람들과 함께 이야기를 나누는 것이지요. 혹시 친구나 가족이 괴로워한다면 잘 들어 주고, 위로를 해 주는 게 좋다고 해요. 혼자 지내기보다 일상생활을 유지할 수 있도록 도와줘야 하고요. 그런데도 긴 시간 슬픔에서 벗어날 수 없다면 의사와 상담을 통해 적절한 치료를 받아야 해요.

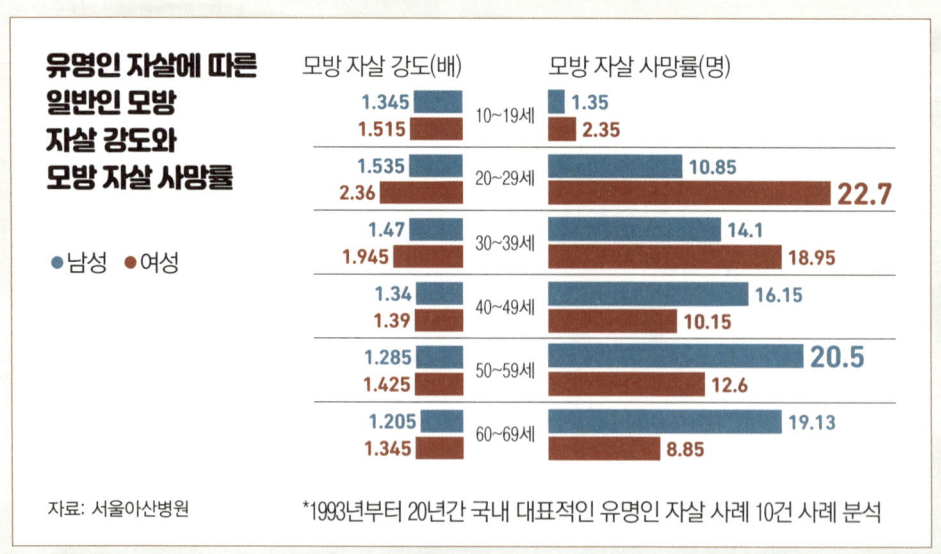

유명인 자살에 따른 일반인 모방 자살 강도와 모방 자살 사망률

● 남성 ● 여성

연령	모방 자살 강도(배) 남성	모방 자살 강도(배) 여성	모방 자살 사망률(명) 남성	모방 자살 사망률(명) 여성
10~19세	1.345	1.515	1.35	2.35
20~29세	1.535	2.36	10.85	22.7
30~39세	1.47	1.945	14.1	18.95
40~49세	1.34	1.39	16.15	10.15
50~59세	1.285	1.425	20.5	12.6
60~69세	1.205	1.345	19.13	8.85

자료: 서울아산병원   *1993년부터 20년간 국내 대표적인 유명인 자살 사례 10건 사례 분석

"얼마나 외롭고 쓸쓸했으면……."

점심시간에 급식도 잘 못 먹고 우는 민지를 보니 강물이도 마음이 아팠어요. 깜박 잊고 숙제를 안 해 와도, 떠들었다고 선생님에게 혼나도, 남자애들하고 싸워도, 언제나 씩씩하게 밥을 잘 먹던 민지였거든요. 민지가 밥을 못 먹는 모습은 강물이도 처음 봤어요.

강물이는 하루 종일 민지를 위로해 주었어요. 민지는 아이돌 오빠 이야기를 하다가 울다가 또 이야기를 하다가 울었어요. 좋아하는 사람이 갑작스럽게 세상에서 사라지면 어떤 마음이 드는지 강물이도 알고 있었어요. 사랑하는 할아버지를 두 번 다시 볼 수 없게 되었을 때 정말 슬펐거든요. 그땐 민지가 강물이를 위로해 줬어요. 그러니까 이번엔 강물이가 민지의 마음을 토닥토닥해 줄 때예요.

민우 오빠가 왜 그랬을까?

아이돌 오빠에 대한 이야기는 연일 뉴스에서 보도되었어요. 그룹 안에서 따돌림이 심했다고 했어요. 엄마와 아빠도 뉴스를 볼 때마다 걱정스러운 이야기를 나눴어요. 강물이에게도 학교에서 별일은 없는지, 친구들과 잘 지내는지 물어봤어요.

"응, 난 괜찮은데 민지가 많이 힘들어해. 많이 좋아하던 아이돌 오빠였거든."

"좋아하던 팬이었으니 충격이 더 크겠다."

"매일 울고 밥도 잘 못 먹어."

강물이는 정말 민지가 걱정이었어요. 요즘엔 통 웃는 얼굴도 못 봤거든요. 문득 민우 오빠 생각이 났어요.

"참, 민우 오빠는 괜찮아?"

"으, 응? 민우? 민우가 왜?"

"요즘 못 봤어. 놀이터에도 안 오고. 이상하잖아."

"공부하는 게 힘들어서 좀 쉬고 있대."

"어디서?"

"병원에서."

"병원? 많이 아픈 거야?"

강물이는 깜짝 놀랐어요. 병원에 갈 정도로 민우 오빠가 아팠나 봐요. 하지만 엄마와 아빠는 눈짓만 주고받을 뿐 더 이상 강물이에게 민우 오빠 이야기를 하지 않았어요. 아빠는 은근히 화제를 솜솜이 쪽으로 돌리기까지 했지요.

"요즘 솜솜이 살 좀 찐 것 같지 않냐?"

"음, 그런가?"

"잘 봐. 통통해졌어."

"애가 워낙 먹을 걸 밝혀서 그래."

"그건 너랑 비슷하네!"

"내가 뭐!"

강물이는 혹시나 자신도 살이 쪘다고 할까 봐 걱정이 됐어요. 하여튼 아빠는 예민한 열 살 소녀의 마음을 너무 몰라준다니까요. 하지만 살에 대한 걱정도 잠시, 저녁을 먹고 엄마가 준 떡을 맛있게 먹기 시작했어요. 떡을 좋아하는 아빠도 맛있게 먹었어요.

"이게 웬 떡이야?"

"아랫집에서 이사 왔다고 낮에 떡 돌렸어."

"요즘에도 이사 떡을 돌리는 사람이 있네. 우리 어릴 때만 해도 이사 떡을 종종 돌렸는데, 요즘엔 별로 안 그러잖아."

"할머니랑 할아버지가 손자랑 산다고 하더라고. 우리 강물이랑 같은 나이던데."

엄마 아빠의 대화를 듣다가 비슷한 나이라는 말이 나오자 강물이의 호기심이 발동했어요.

"그럼 우리 학교로 전학 오겠네? 근데 걔는 왜 할머니랑 할아버지랑 살아?"

"사정이 있겠지. 강물이 새 친구 생겨서 좋겠다."

"응! 자전거 같이 타면 좋겠다!"

강물이는 새로 이사 온 친구가 누군지 궁금했어요. 요즘 민우 오빠와 자전거를 같이 타지 않아서 심심했거든요. 강물이는 민우 오빠 이야기를 엄마에게 물어보려 했지만 떡을 먹다 보니 깜박 잊고 말았어요. 둘이 먹다가 하나가 사라져도 모를 만큼 맛있었거든요.

그날 밤, 엄마와 아빠는 강물이를 재운 후 민우에 대한 이야기를 오래 나눴어요. 강물이는 모르는 이야기였지요.

"민우는 이제 좀 괜찮대?"

"몸은 회복되고 있나 봐. 정신과 치료도 하고 있고. 애 엄마 얼굴이 말이 아니야."

"그 똑똑한 아이가 어쩌다가……."

"솔직히 그 집 부모가 너무 공부, 공부 하긴 했지. 그림을 그리고 싶어 하는 애한테 의사가 되라고 그렇게 공부를 시켜 댔으니, 터져 버린 거지."

"우린 강물이한테 그러지 말자."

"아이고, 욕심을 내려고 해도 강물이가 공부에 관심이 없어요."

엄마와 아빠는 잠든 강물이의 머리를 가만히 쓰다듬어 주었어요.

💚 자살하고 싶은 마음이 들 땐 어떡할까?

우리가 유명 연예인의 자살 소식을 접하는 건 신문이나 텔레비전 뉴스 등을 통해서예요. 너무 놀란 것 이상으로 따라 하고 싶은 마음이 드는 게 '베르테르 효과'라고 했죠? 그런데 때로는 이런 소식을 접하지 않음으로써 충격을 덜 받을 수도 있어요. 자살에 관한 언론 보도를 자제해서 자살을 예방할 수 있는 효과를 가져오는 것이지요. 자살에 대한 상세한 보도가 또 다른 자살을 불러온다는 연구 결과가 있었거든요.

이것을 '파파게노 효과'라고 해요. 모차르트의 오페라 〈마술피리〉에 등장하는 인물 파파게노에서 유래했는데요. 파파게노가 연인을 잃고 실의에 빠져 자살을 시도하려고 할 때 세 요정이 나타나 희망의 노래를 불러 주었어요. 이 노래를 듣고 파파게노는 생각을 바꿔 새로운 삶을 선택하지요.

우리가 죽음을 생각하는 사람들의 이야기에 귀를 기울이고, 그들의 마음을 위로해 주어야 하는 이유가 바로 이 때문이에요. 그래서 언론에서도 자살 방법이나 과정, 이유 등을 자세히 보도하지 않는 것을 원칙으로 삼고 있답니다.

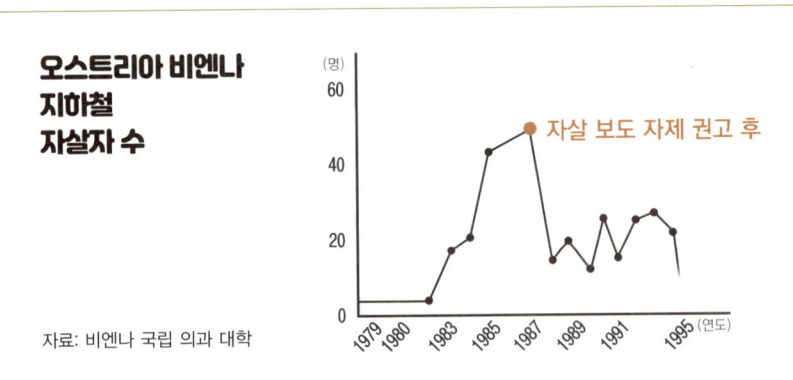

오스트리아 비엔나 지하철 자살자 수

자료: 비엔나 국립 의과 대학

 엄마의 엄마

폭우가 며칠째 내렸어요. 천둥 번개가 치던 날, 병원에서 전화가 왔어요. 외할머니가 응급실에 실려 갔대요. 노인정에서 저녁을 먹고 화장실에 갔다가 쓰러졌다고 했어요. 마침 동네 친구 분들이 함께 있어서 빨리 구급차를 불렀다고 했어요. 외할머니는 몇 년 전에도 쓰러진 적이 있어요. 아빠는 운전을 하면서도 계속 엄마에게 말을 건넸어요.

"괜찮아. 괜찮을 거야. 지난번에도 무사하셨잖아."

"정말 괜찮겠지?"

"의사 선생님도 괜찮다고 하셨으니까. 그래도 친구 분들이 바로 병원으로 모셔서 천만다행이다."

"만약……."

엄마는 말끝을 흐렸어요. 이어지지 못한 말은 눈물이 되어 엄마의 볼을 타고 흘러내렸지요. 뒷자리에 앉은 강물이도 엄마가 우는 걸 알 수 있었어요. 강물이도 저절로 눈물이 났어요.

"엄마, 울지 마……. 할머니 괜찮을 거야."

"그래, 그래. 괜찮을 거야."

엄마는 몇 번이나 고개를 끄덕였어요. 강물이는 두 손을 꼭 잡고 외할머니가 아프지 않게 해 달라고 기도했어요. 외할머니가 "우리 강아지

왔누."라며 반겨 주던 다정한 목소리도 생각났어요.

　병원에 도착해서 외할머니가 있는 병실로 가는 동안 엄마는 강물이의 손을 꼭 잡았어요. 외할머니의 생명줄이 강물이의 손에 달려 있기라도 한 것처럼 엄마는 한시도 강물이의 손을 놓지 않았어요. 엄마는 외할머니를 보자마자 달려갔어요.

　"엄마!"

　"아이고, 나는 괜찮다."

　"진짜 괜찮아?"

　"그래. 좀 어지러웠던 것뿐이야. 우리 강아지도 왔네. 많이 놀랐지?"

　"할머니, 안 아파요?"

　"괜찮어. 할미 안 아파."

　엄마는 몇 번이나 "엄마, 괜찮아?", "엄마, 아픈 데 없어?"라고 외할머니한테 물었어요. 엄마가 '엄마'라고 부를 때마다 강물이는 엄마가 외할머니를 얼마나 소중히 여기는지 알 수 있었어요. 엄마는 외할머니를 '엄마'라고 부르고, 강물이는 엄마를 '엄마'라고 불러서 병실은 한동안 '엄마' 소리로 가득 찼지요.

　마침 의사 선생님이 왔어요. 엄마와 아빠는 의사 선생님의

설명을 듣고 안심했어요. 강물이는 외할머니의 이마를 짚어 주고 손등도 쓸어 주었어요. 외할머니의 손은 거칠고 열도 좀 있었어요. 외할머니가 강물이의 손을 꼭 잡으며 말했어요.

"우리 강아지, 손이 보드라운 게 솜털이네, 솜털. 벌써 할미 다 나은 것 같다."

"내 손이 약손이죠?"

"맞다, 맞아. 우리 강아지 손이 약손이다."

외할머니는 강물이의 머리를 쓰다듬으며 활짝 웃었어요. 외할머니가 웃는 모습은 엄마가 웃는 모습과 닮았어요. 아빠는 강물이의 웃는 모습이 엄마랑 꼭 닮았다고 했어요. 강물이는 엄마와 외할머니를 닮은 자신이 참 좋았어요.

청소년 자살, 그 신호를 알아챌 수 있을까?

자살을 시도하려는 10명 중 8명은 자살 의도에 대한 경고 신호를 보낸다고 해요. 대부분의 자살 시도자들은 그들을 자살로 몰고 가는 사건에 대한 반응이나 감정 상태를 다른 사람들에게 드러내지요. 직접적인 자살 언급, 식욕 감소 및 증가, 수면의 변화와 같은 육체적 징후, 심한 감정의 기복, 평소와 다른 행동 등의 형태로 나타나요. 그러므로 친구들이 이런 신호를 보낸다면, 모른 체하지 말고 부모님이나 선생님한테 알리는 게 필요해요.

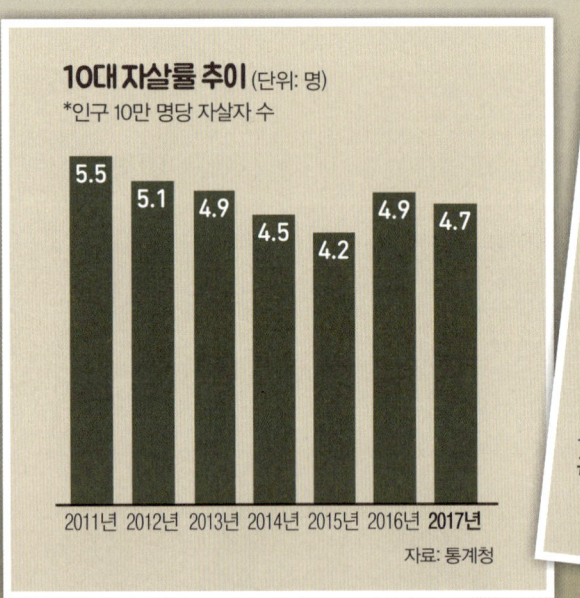

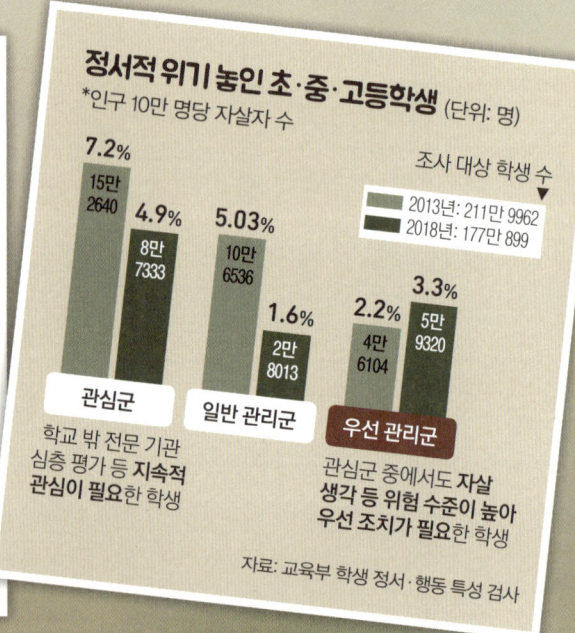

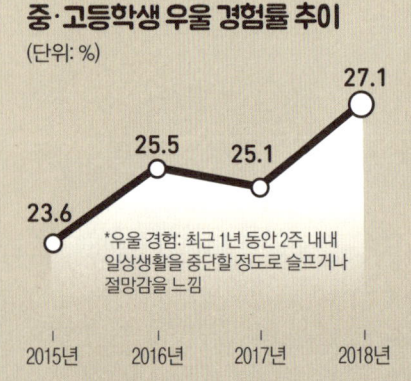

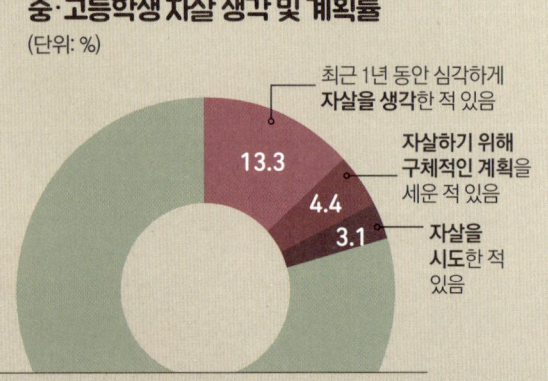

어떤 청소년들이 자살 위험이 높을까?

왕따나 학교 폭력 등에 노출된 청소년
폭력, 협박, 따돌림, 갈취, 이성 친구와의 헤어짐 등으로 인해 두려움이나 열등의식에 갇힘.

우울증을 앓고 있는 청소년
강박증, 우울증, 정신 분열증 등은 감정을 밖으로 표출하지 못하고 쉽게 자극받는 과민 상태를 보임.

희망 없음, 흥미와 즐거움 상실, 기분의 급속 순환, 제한적 대인 관계, 사회성 결여 등의 행동 특성을 보임.

돌아갈 곳이 없는 가출 청소년
부모 이혼, 지나친 간섭이나 과잉보호, 경제적 어려움, 성적 학대 등 가정의 역기능이 작용.

심리적 내성이 약한 청소년
입시 위주의 사회에서 의존성과 충동성이 강한 청소년기가 사회적으로 고립되는 기간이 연장됨에 따라 입시 실패나 성적 하락으로 인해 중압감을 크게 느낌.

충동 조절 능력을 상실했다든지 심리적 및 신경적 유약성이 높은 경우.

알코올이나 약물을 남용하는 청소년
우울증이나 외로움, 문제 회피 수단임과 동시에 적개심이나 분노를 외적으로 표출.

자살 시도 경험 혹은 자살과 관련된 가족사를 갖고 있는 청소년
자살 환경이나 가족 정서가 전달되는 관계로 자살을 문제 해결의 방법으로 고려하는 경향이 있음.

성적이 떨어지는 학생, 무단 결석을 하는 학생

자살을 생각하는 친구가 있다면 어떻게 해야 할까?

사람들은 살아가면서 너무 힘들거나 삶의 이유를 찾지 못해 자살을 생각하는 순간이 있어요. 만약 옆에 자살을 생각하는 친구가 있다면 어떻게 도울 수 있을까요?

자살에 대한 생각을 하는 이유는 다양해요. 학업, 경제적 어려움, 친구, 이성, 가족 등 다양한 이유가 있지요. 이런 아이들은 학교에서 친구들과 잘 어울리지 못하거나 결석, 조퇴가 잦고 여러 문제 행동을 하는 경우가 있다고 해요. 이런 행동은 "나 아파요!" 하고 주변에 신호를 보내는 거예요.

친구가 이런 행동을 보이면 빨리 대처를 해야 해요. 이럴 때는 그 친구가 다시 힘을 내어 살아갈 수 있도록 용기를 주는 말이 도움이 돼요. 하지만 경우에 따라서 위로의 말이 상처가 되기도 하니까 조심스럽지요.

"앞으로 좋은 일이 생길 거야.", "다 잘될 거야.", "너보다 더 힘든 사람도 많아. 네가 가지고 있는 것에 감사해야지." 등의 말이 때때로 상처가 되기도 해요. 그러면 어떻게 하는 것이 친구를 돕는 길일까요?

첫째는 친구의 마음을 이해해 주어야 해요.
"그래, 정말 힘들었겠다. 그런데 어떤 점이 그렇게 힘드니?"라는 말로 친구가 스스로 자신의 현재 상황을 털어놓을 수 있게 해 주어야 해요. 그런 다음 친구의 상태가 많이 나쁜 것 같으면 병원 등을 이용할 수 있도록 도와주어야 해요.

둘째는 친구가 자신의 마음을 솔직하게 털어놓을 수 있도록 방향을 제시해 주는 거예요.
세상 사람들은 모두 괜찮은데 나만 힘들고 나의 힘든 사정을 아무도 몰라 준다는 생각에 자신을 더 외롭고 힘들게 몰아 갈 수 있어요. 이럴 때는 말하지 않으면 결코 마음을 알 수 없다는 사실을 알려, 친구가 자신의 고민을 솔직하게 털어놓을 수 있도록 함께 고민해 주어야 해요.

셋째는 친구가 얼마나 근사한 사람인지 말해 주세요.
자살을 생각할 정도로 친구는 자존감이 떨어져 있으므로 친구가 얼마나 근사하고 멋진 사람인지 지속적으로 얘기해 주는 거예요. 친구가 세상을 좀 더 희망적으로 바라볼 수 있는 길을 열어 주는 것이지요.
살다 보면 때로는 너무 힘들어 모든 것을 놔 버리고 싶은 순간이 올 수도 있어요. 하지만 살아 있다는 사실만으로도 희망을 붙잡을 기회가 얼마든지 있다는 사실을 잊지 마세요.

이런 문제들은 여러분 혼자 해결하기 힘든 경우가 대부분이에요. 부모님이나 선생님의 도움을 꼭 받아야 해요. 어떤 식으로 이러한 내용을 상담하고 도움을 받아야 할지 부모님과 얘기를 나누어 보아요.

O, X 퀴즈

죽고 싶다는 말을 자꾸 하는 친구가 있다면, 어떤 말로 위로할 수 있을까요?
다음 내용을 읽고 맞으면 O, 틀리면 X로 표시하세요.

1 나와는 상관없는 일이므로 알아서 해결하라고 냉정하게 말한다.

2 어떤 점 때문에 그렇게 마음이 힘든 건지 이야기를 들어준다.

3 친구가 절망감에 빠지지 않도록, 평소 얼마나 멋진 행동을 했는지 장점을 얘기해 준다.

4 친구가 힘들어하는 걸 알았다면 이유를 묻지 않고 무조건 선생님한테 얘기한다.

5 친구가 힘들게 꺼내 놓은 이야기를 주변 친구들에게 알려서 소문을 낸다.

6 친구의 마음을 이해하려고 노력하고, 자연스럽게 이야기를 털어놓을 수 있도록 분위기를 만든다.

정답: ①X, ②O, ③O, ④X, ⑤X, ⑥O

민우 오빠, 아빠가 그렇게 화내는 건 처음 봤어.

엄마는 울기까지 하더라고.

소중한 사람이 떠나서 죽고 싶은 마음이 든다는 건 뭘까?

그러고 보니, 할아버지 돌아가실 때 좀 많이 힘들었던 것 같아.

그 오빠한테도 소중한 사람이 있겠지?

오빠도 요즘 힘들지? 혹시 오빠도 그런 마음 드는 건 아니지?

요즘은 새로 이사 온 하다랑 친하게 지내.

엄마, 아빠도 없이 할머니, 할아버지랑만 사는데도 엄청 씩씩해.

하다는 가수가 되는 게 꿈이래.

🌰 가을 열매

가을이 왔어요. 하늘이 높아졌어요. 초록색이던 나뭇잎들도 붉은빛, 노란빛으로 물들어 갔어요. 아파트 주변 산책로에 무성하던 풀들도 조금씩 시들더니 언젠가부터 마른 풀 향기가 났어요. 수분으로 꽉 찬 것 같았던 공기도 맑고 건조해졌어요. 밤에는 서늘한 바람도 불어왔어요. 밤하늘의 별들도 한층 빛났지요.

사과, 밤, 배 등 과일이 맛있어지는 계절이에요. 봄, 여름, 가을, 겨울 가릴 것 없이 사계절 내내 과일을 먹을 순 있지만 특히 가을엔 과일 맛이 좋아요. 여름 내내 먹던 복숭아와 옥수수를 먹지 못하는 건 조금 아쉽지만 대신 새콤달콤한 사과를 실컷 먹고 있는 강물이네랍니다.

사과는 외할머니가 제일 좋아하는 과일이에요. 외할머니는 다행히 건강을 회복했어요. 외할머니가 병원에 있는 동안 엄마와 강물이는 매일 보러 갔어요. 외할머니가 다시 건강해져서 정말 다행이에요.

강물이는 여전히 학교에서 집까지 오는 길이 즐거웠어요. 봄에 피는 노란 꽃 대신 가을엔 하얀 꽃이 피었어요. 노랗게 물든 은행잎을 주워 오는 날도 있었고 아기 손바닥 같은 단풍잎을 따 오기도 했어요.

강물이가 제일 좋아하는 나무는 감나무였어요. 가지마다 주황빛 등불 같은 열매들이 주렁주렁 매달려 있었어요. 여름까지만 해도 모르고 지나쳤던 감나무였는데 어느새 이런 열매들을 맺었을까요? 아빠와 솜솜이와 저녁 산책을 할 때면 감나무 아래에서 신기한 듯 바라보았어요.

"아빠, 참 신기해. 똑같이 생긴 게 하나도 없어."

"오호, 어떻게 알았어?"

"보면 알지. 봐 봐. 저기 높은 데 달린 거랑 여기 달린 거랑 크기도 색깔도 다르잖아. 그런데 다 예뻐."

아빠가 고개를 끄덕였어요.

"맞아. 달라서 예쁘고, 어느 것도 못나고 미운 게 없지."

아빠는 살아 있는 모든 것들은 다 '의미' 있다고 했어요.

"의미 있다는 게 뭐야?"

"중요하단 뜻이야."

"음. 그럼 아빠는 의미 있는 사람이네."

강물이의 말에 아빠가 웃음을 터뜨렸어요.

"그래? 우리 딸한테 그런 소리를 들으니 기분 엄청 좋은데?"

"특히 치킨을 사 올 때 의미 있지."

아빠의 웃음소리가 더 커졌어요. 내일 저녁엔 아빠 손에 치킨이 들려 있겠지요? 생각만으로 강물이는 웃음이 났어요. 아빠와 강물이가 웃으니까 솜솜이도 좋은가 봐요. 이리저리 뛰면서 꼬리를 마구 흔들었어요.

💚 산다는 건 어떤 의미일까?

삶이란 하루하루 살아가면서 채워 가는 전 과정을 말해요. 삶의 모습은 사람의 수만큼 다양하죠. 하루를 습관적으로 사람도 있고, 오늘을 어제와 다르게 여기며 가치 있게 보내는 사람도 있지요. 보통 사람은 자신의 삶에서 의미를 찾을 때 활기가 생기고 살아갈 희망을 찾아요. 지금 이 순간을 소중히 여기며 살아갈 때 더욱 값지게 가꿀 수 있답니다. 삶이 소중한 이유는 생명 그 자체가 가치를 지니기 때문이에요. 단 한 번뿐이고 죽음이라는 끝이 있기 때문에 매 순간이 소중하고 의미 있지요. 또 나를 사랑하고 내가 사랑하는 사람들이 있기 때문에 소중해요. 다른 사람과 관계를 가지며 느끼는 사랑과 기쁨은 우리 삶을 더욱 가치 있게 만든답니다.

엄마의 언니

추석 명절이 되자 강물이네는 외할머니 집에 갔어요. 외할아버지는 강물이가 태어나기 전에 돌아가셔서 사진으로만 봤어요. 엄마한테 외할아버지 이야기를 자주 들었는데 키가 훤칠한 미남이었대요. 정말로 사진 속 외할아버지는 옛날 영화에 나오는 사람 같았어요. 외할머니 말로는 고향에서 인기가 제일 좋은 미남이었대요.

외할머니와 외할아버지는 사과가 많이 나는 곳에서 태어나고 자랐대요. 결혼하면서 고향을 떠났는데, 도시에서 살면서도 외할머니는 늘 사과밭이 있던 고향을 그리워했어요.

외할아버지가 돌아가신 후 고향에서 살까도 생각했지만, 너무 오래 고향을 떠나 있어서 이젠 아는 사람이 아무도 없대요. 외할머니가 사과를 제일 좋아하는 이유도 고향이 생각나서래요.

외할머니는 올해 추석에도 맛있는 것을 잔뜩 차렸어요. 강물이가 좋아하는 잡채랑 고기전이 산더미처럼 쌓여 있었지

요. 엄마는 외할머니한테 "이걸 누가 다 먹어? 엄마는 손이 너무 커."라며 한마디 했지만 강물이만큼이나 잡채와 고기전을 많이 먹었어요. 아빠는 저녁밥을 두 그릇이나 먹었고요.

"역시 장모님 밥이 최고야."

"누가 보면 굶기는 줄 알겠다."

"굶지야 않지. 치킨과 피자가 있잖아."

"자기가 자꾸 그런 걸 사 오니까 강물이 입맛이 물들잖아."

강물이는 '또 시작이야.'라는 얼굴로 외할머니를 보면서 어깨를 으쓱

했어요. 아빠와 엄마는 작은 일로 티격태격할 때가 많았어요. 서로를 엄청 챙겨 주면서도 저런다니까요. 외할머니 말로는 원래 '사랑싸움은 말릴 수가 없는' 거래요. 외할머니는 연신 반찬 그릇을 아빠와 엄마와 강물이 앞으로 밀어 주었어요. 솜솜이는 안타깝게도 식탁 밑에서 꼬리만 흔들었지요.

아빠는 옆방에서 따로 자고 엄마와 강물이는 외할머니와 잤어요. 외할머니와 엄마는 불을 끄고 누워서도 많은 이야기를 했어요. 아침에도 말하고 낮에도 계속 말했는데 밤에도 무슨 할 말이 그렇게 많은 걸까요. 엄마와 외할머니는 끊임없이 이야기를 주고받았어요.

엄마는 강물이처럼 외동딸로 자랐어요. 원래는 위로 언니가 있었는데 일곱 살 때 사고로 죽었대요. 그때 엄마는 세 살이었는데 너무 어려서 기억이 잘 안 난다고 했어요. 외할머니와 엄마의 목소리가 잔잔한 물결처럼 밀려왔어요. 강물이는 이야기를 좀 더 듣고 싶었지만 자신도 모르게 잠이 들고 말았어요. 그러다가 문득 잠에서 깼는데 엄마 목소리가 들렸어요.

"엄마는 살면서 언제가 제일 힘들었어?"

"힘들긴, 너랑 강물이가 있는데."

"에이, 그래도 사람이 살다 보면 힘들 때가 있잖아."

"돌아보면 다 좋았어. 그래도 가장 힘들었던 건 아무래도 네 언니 죽었을 때지."

"난 기억이 하나도 안 나."

"너무 어렸으니까."

"차 사고로 죽었다고 했지? 엄만 그때 어땠어……?"

외할머니는 대답 대신 깊은 한숨을 쉬었어요.

"어떻게 말로 다 하겠냐. 나도 따라 죽고 싶었지. 너만 아니었으면 나도 따라갔을 거야. 눈에 넣어도 안 아픈 내 새끼였는데……."

"그건 사고였다며. 엄마 탓이 아니잖아."

"그래도 꼭 그게 내 잘못 같아. 아직도 그 생각을 하면 가슴이 저려."

외할머니의 목소리가 흐려졌어요. 엄마도 아무 말이 없었어요. 외할머니를 누구보다 잘 이해하는 엄마였기에 얼마

나 마음 아픈 일인지 잘 알고 있었거든요. 외할머니는 죽은 큰딸에 대한 기억을 평생 가슴에 품고 살아왔어요. 엄마는 옆에 누운 강물이를 꼭 안았어요.

"엄마, 나도 강물이가 그렇게 갑자기 죽으면…… 살기 힘들 것 같아."
"아이고, 그런 말은 입에 담지도 말어."
외할머니가 깜짝 놀라서 말했어요.
"생각만 해도 끔찍하다."
"언니, 살아 있으면 참 좋을 텐데."
"좋지. 암, 좋지. 힘들어도 살면서 행복한 일이 얼마나 많냐."

살아 있다는 건 아빠 말처럼 '의미' 있는 일이에요. 맛있는 것도 먹고 예쁜 것도 입고 무엇보다 이렇게 따뜻한 엄마 품이 있으니까요.

 **새로운 친구**

강물이의 반에 새 친구가 전학을 왔어요. 이름이 강하다예요. 애들이 이름을 듣고 막 웃었어요. 하지만 강물이는 웃지 않았어요. 하다는 이미 강물이와 친구였으니까요. 하다는 여름 방학 때 강물이네 아래층으로 이사를 왔어요.

하다랑 처음 알게 된 건 고양이 덕분이에요. 간식을 주려고 나갔다가 고양이랑 놀고 있는 하다를 봤어요. 하다가 먼저 말을 걸었어요.

"너 여기 살아?"

"응, 저 아파트. 101동 1104호."

"어? 우리 집은 101동 1004호인데."

알고 보니 그 맛있는 떡을 준 집이었어요. 하다는 자전거도 잘 타고 고양이도 좋아해서 금방 친해졌어요. 하다 덕분에 여름 방학이 심심하지 않았어요.

가끔은 아빠와 솜솜이랑 같이 저녁 산책을 하기도 했지요. 엄마는 옥수수나 감자를 찌면 꼭 하다네 집에 갖다 주었어요. 물론 심부름은 강물이의 몫이었어요. 하다는 부모님이 이혼해서 할아버지, 할머니랑 산다고 했어요.

"엄마 아빠 안 보고 싶어?"

"보고 싶은데, 괜찮아."

"보고 싶은데 어떻게 괜찮아?"

"한 달에 한 번은 엄마도 만나고, 아빠도 주말엔 집에 오니까."

"아빤 왜 주말에만 오는데?"

"지방에서 일하시거든."

"밤에 안 무서워?"

"뭐가 무서워. 난 혼자서도 잘 자."

강물이는 하다가 굉장하다고 생각했어요. 강물이도 혼자 잘 때도 있지만 비가 많이 오거나 천둥 번개가 치면 무서워서 엄마 아빠랑 꼭 같이 자거든요.

하다가 자기소개를 마치자 애들이 노래를 불러 보라고 했어요. 선생님은 하기 싫으면 안 해도 된다고 했는데, 하다는 요즘 연습하는 노래가 있다며 자신 있게 나섰어요.

처음 보는 친구들 앞이었는데도 하다는 싱글싱글 웃으면서 노래를 시작했어요. 반 친구들이 책상을 두드리며 웃었어요. 하다가 부른 노래는 처음 들어 보는 트로트였거든요.

"와! 무슨 애가 트로트냐."

짓궂은 남자애들 한두 명이 놀렸지만 하다는 신나게 노래를 불렀어요. 강물이는 하다가 트로트를 잘 부르는 걸 알고 있었어요. 할아버지 할머니가 좋아하는 노래라고 했거든요. 어릴 때부터 트로트를 자주 불렀다고도 했지요.

처음엔 웃기만 하던 반 친구들도 하다가 부르는 노래를 들으며 박자에 맞춰 책상을 두드리고 박수를 치기 시작했어요. 선생님도 웃으면서 박자에 맞춰 박수를 쳤지요. 이날 이후 하다의 별명은 '미스터 트롯'이 되었답니다.

💚 살아가면서 꼭 해 보고 싶은 것들

'버킷 리스트'라는 말을 들어 봤을 거예요. 죽기 전에 꼭 해 보고 싶은 것들을 적은 목록을 말하지요. 하지만 이 버킷 리스트를 꼭 죽음을 앞둔 사람들이 쓰는 건 아니에요. '만약 내가 죽는다면'이라고 가정하고, 지금 현재를 더 의미 있고 행복하게 살기 위해서 하고 싶은 일들을 생각해 본다는 데 목적이 있답니다. 버킷 리스트가 없다면, 평소 막연하게 하고 싶었던 것들이 이루어져도 그냥 덤덤하게 지낼 거예요. 하지만 수첩이나 일기장에 적어 두면, 목표를 이루었다는 성취감과 새로운 도전 욕구가 생기지요. 삶의 주인은 여러분이므로 소소하지만 의미 있는 버킷 리스트를 작성하고 매일매일 새로운 도전을 해 보면 어떨까요?

민우 오빠가 돌아왔어요!

주말 아침, 강물이는 아침밥을 먹자마자 부리나케 놀이터에 그네를 타러 갔어요. 그네를 타다가 모래놀이를 하다가 또 그네를 탔어요. 평소라면 하다랑 놀았을 텐데 하다는 엄마를 만나러 갔어요. 한 달에 한 번 엄마를 만나는 날이었거든요.

그네를 타고 있으니 민우 오빠 생각이 났어요. 이렇게 혼자 그네를 타고 있으면 민우 오빠가 저만치에서 이름을 부르곤 했지요.

"강물아."

민우 오빠 목소리가 들리는 것 같아요. 민우 오빠는 잘 지내고 있을까요?

"강물아."

민우 오빠가 많이 보고 싶은가 봐요. 아주 가까운 데서 목소리가 들리는 것 같았어요.

"강물아."

강물이는 고개를 번쩍 들었어요. 정말 저기 앞에 민우 오빠가 서 있었어요.

"오빠!"

강물이는 그네에서 뛰어내려 마구 달려갔어요. 민우 오빠가 "으샤!" 하면서 강물이를 번쩍 안아 들었어요. 공중에서 데구르르 한 바퀴를 돌려 주고 난 다음 내려 주었지요.

강물이는 몇 번이나 민우 오빠를 보았어요. 민우 오빠는 예전보다 살이 많이 빠지고 마른 것 같았지만 건강해 보였어요. 안경테를 새로 바꿔서 그런지 인상이 좀 달라진 것만 빼면 예전과 똑같이 강물이가 좋아하는 민우 오빠였어요.

"오빠, 이젠 안 아파?"

"응. 이젠 괜찮아. 강물이가 써 준 편지 덕분에 완전 건강해졌어."

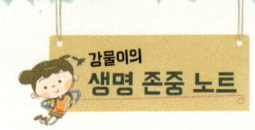

나는 우울증일까?

우울한 느낌이 들면, 식욕이 없어지거나 잠을 잘 못 자요. 너무 많이 자기도 하고 집중이 안 되면서 말이 느려지기도 하지요. 짜증이 늘 수도 있고, 모든 게 자기 잘못처럼 느껴질 수도 있어요. 이런 증상을 모든 사람이 겪는 건 아니에요. 우울한 마음이 드니까 우울증이라고 생각할 수도 있지만, 우울한 기분이 들지 않는 우울증도 있다고 해요. 이유 모를 통증에 시달리다가 우울증 진단을 받는 사람들도 있고요.

인터넷을 찾아보면 자가 진단 테스트 같은 질문이 많이 있는데, 실제 환자들은 이걸 잘 파악하기 힘들어요. 자기 자신을 객관적으로 바라보는 데 한계가 있기 때문이지요. 가족의 죽음, 이사, 전학, 친구 문제 등으로 스트레스를 받으면서 우울감이 심해졌는데, 그걸 우울증이라고 섣불리 판단할 때도 있고요. 건강 보험 공단 정기 검진 문진표를 자신이나 친구, 가족의 우울 상태를 체크해 보세요. 이런 테스트는 자신의 마음을 상태를 확인하는 걸로 참고만 하고, 마음이 힘들면 꼭 가족이나 친구들에게 도움을 청하세요.

민우 오빠는 방학 때 캐나다에 있는 이모 집에 있었다고 했어요. 달리기도 하고 캠핑도 하고 폭포도 보러 갔다고 했어요. 밤엔 엄청나게 많은 별도 봤대요.

캐나다에서도 민우 오빠는 강물이가 보내 준 편지를 매일 읽었다고 했어요. 어떤 날은 하루에 다섯 번도 더 읽었대요. 강물이는 민우 오빠에게 편지 쓰길 잘했다고 생각했어요. 민우 오빠가 공부를 잘해도 못해도 강물이는 민우 오빠를 좋아한다고 썼거든요.

강물이는 민우 오빠가 공부를 잘해서 좋은 게 아니었어요. 엄마가 엄마여서 좋은 것처럼, 아빠가 아빠여서 좋은 것처럼, 솜솜이가 솜솜이여서 좋은 것처럼, 민우 오빠는 민우 오빠라서 좋았답니다.

세상에서 가장 맛있는 사과파이

민우 오빠를 만나고 집에 돌아온 강물이는 엄마와 함께 쿠키를 만들었어요. 민우 오빠에게 주고 싶었거든요. 방학 때 엄마와 강물이는 쿠키와 빵을 만드는 법을 배웠어요. 인터넷에서 동영상을 보고 열심히 따라 하면서 밤이 듬뿍 들어간 식빵도 만들고, 사과파이도 만들고, 건포도가 폭폭 박힌 시나몬 쿠키도 만들었지요.

엄마도 민우 오빠가 건강한 모습으로 돌아온 것을 기뻐했어요. 엄마는 민우 오빠를 위해 사과파이를 만들어서 주기로 했어요. 밀가루 반죽을 하고 냉장고에 있던 사과를 썰고 오븐을 예열했어요. 오븐 안에서 반죽이 부풀며 익어 가는 모습을 보는 건 언제나 신기했어요. 하얀 밀가루 반죽이 달콤한 냄새를 풍기며 변해 가는 모습은 보고 또 봐도 질리지 않았답니다.

처음 사과파이를 만들던 날엔 도대체 언제 익나 싶어서 오븐 문을 열어 보고 싶기도 했어요. 하지만 엄마는 기다리는 시간이 가장 중요하다고 했어요.

"그래도 막 궁금한걸. 잘못해서 망치면 어떡해?"

제대로 잘 익었을지, 단맛이 잘 들었을지 걱정이 되곤 했어요. 가끔은 보기에 이상해서 망했다는 생각도 들었거든요. 하지만 엄마는 그래도 괜찮다고 했어요.

"조금 타거나 덜 익거나 그럴 순 있어도 괜찮은 부분도 있잖아."

"맞아. 지난번 파이는 사과가 좀 덜 익

긴 했지만 엄청 맛있었어!"

"만약 강물이가 정성껏 만든 사과파이가 아주, 아주 조금 탄 부분이 있다면 어떻게 할래?"

"거긴 두고 다른 데 먹으면 되지. 맛있는 부분이 더 많으니깐. 그리고 더 잘 만들 수 있도록 열심히 연습할 거야."

엄마는 강물이를 보고 웃으면서 고개를 끄덕였어요. 우리가 살아가는 일도 그것과 비슷하다고 했어요. 조금 안 좋은 일이 있어도 인생 전부가 잘못된 건 아니라고요. 공부가 잘 안 될 때도 있고, 친구랑 싸울 때도 있고, 엄마 아빠가 미워질 때도 있지만 그건 사과파이의 탄 부분과 같은 거라고 했어요. 그런 일이 생긴다고 사과파이 전부를 버리면 안 된다고요.

"중요한 건 완벽한 사과파이를 만드는 게 아니야. 그냥 내가 맛있게 먹을 수 있는 사과파이를 만드는 거야."

엄마가 하는 말을 다 이해할 순 없었지만 강물이는 '내가 맛있게 먹을 수 있는 사과파이를 만드는 게 중요'하다는 걸 깨달았어요. 세상에서 가장 맛있는 사과파이는 다른 사람이 맛있다고 하는 사과파이가 아니라 나한테 맛있는 사과파이니까요. 강물이는 즐거운 마음으로 사과파이가 익기를 기다렸어요. 민우 오빠한테도 얼른 이 맛있는 걸 맛보여 주고 싶었어요.

나는 지금 어떤 상태일까?

아동·청소년 우울증 검사지

자료: 중구 정신 건강 복지 센터

질문	전혀 아니다 (0점)	약간 그렇다 (1점)	자주 그렇다 (2점)	매우 자주 그렇다 (3점)
평소에는 아무렇지도 않던 일들이 괴롭고 귀찮게 느껴졌다.				
먹고 싶지 않고 식욕이 없었다.				
어느 누가 도와준다 하더라도 나의 울적한 기분을 떨쳐 버릴 수 없을 것 같았다.				
무슨 일을 하든 정신을 집중하기가 힘들었다.				
비교적 잘 지냈다.				
상당히 우울했다.				
모든 일들이 힘들게 느껴졌다.				
앞일이 암담하게 느껴졌다.				
지금까지의 내 인생은 실패작이라는 생각이 들었다.				
적어도 보통 사람들만큼의 능력은 있었다고 생각한다.				

마음의 감기라고 불리우는 우울증은 누구에게나 찾아올 수 있어요. 우울증은 뇌 신경 전달 시스템에 이상이 온 것이므로, 자기 혼자 힘으로 이기려고 할 게 아니라 치료를 받아야 해요. 조금 괜찮아졌다 싶다가도 같은 상황이 반복되면 우울증이 더 심해질 수 있거든요. 그러니까 마음이 너무 힘들어지면 혼자서 해결하려 하지 말고, 부모님과 선생님하고 꼭 이야기를 나누어 보세요.

질문	전혀 아니다 (0점)	약간 그렇다 (1점)	자주 그렇다 (2점)	매우 자주 그렇다 (3점)
잠을 설쳤다(잠을 잘 이루지 못했다.).				
두려움을 느꼈다.				
평소에 비해 말수가 적었다.				
세상에 홀로 있는 듯한 외로움을 느꼈다.				
큰 불만 없이 생활했다.				
사람들이 나에게 차갑게 대하는 것 같았다.				
갑자기 울음이 나왔다.				
마음이 슬펐다.				
사람들이 나를 싫어하는 것 같았다.				
도무지 뭘 해 나갈 엄두가 나지 않았다.				
합계				

16점 이상 전문가와 상담이 필요합니다.

스트레스가 심할 때 어떡하면 좋을까?

스트레스가 없는 사람은 없어요. 인간은 누구나 정신적으로나 육체적으로 감당하기 힘든 어려운 상황에 처했을 때 불안과 위협의 감정을 느끼기 때문이에요.

연구에 의하면 모든 스트레스가 나쁜 것만은 아니라고 해요. 적당한 스트레스는 자신의 목표를 향해 질주하게 해 주고 무미건조한 생활에 활력을 잡아 주기도 하거든요. 하지만 스트레스가 너무 심하면 우울증에 빠지기도 하고 건강을 해치기도 해요. 그러므로 심한 스트레스는 꼭 해소시켜 주어야 한답니다.

그러면 어떻게 해야 스트레스가 해소될까요? 인터넷 검색만 해 봐도 스트레스 해소법은 수십, 수백 가지가 있어요. 그중 가장 일반적인 것 몇 가지만 소개해 볼까요?

첫째는 즐거운 음악을 듣거나 신나는 노래를 부르는 것이에요.
즐겁고 신나는 음악은 우리의 마음을 즐겁게 해 주지요. 즐거운 마음은 골치 아픈 일을 싹 잊게 해 주기 때문에 마음을 안정시키고 스트레스를 줄여 준답니다.

둘째는 땀을 뻘뻘 흘리는 운동을 하는 거예요.
운동은 마음의 잡념을 없애 주는 작용을 해요. 친구들과 함께할 수 있는 축구 같은 운동도 좋고, 혼자 할 수 있는 수영이나 달리기도 좋아요. 땀을 흘리고 나면 기분 전환이 되어 마음까지 상쾌해지는 것을 느낄 수 있을 거예요.

셋째는 적당한 휴식과 명상, 여행, 영화 보기 등 마음의 휴식을 얻을 수 있는 것을 해 보는 거예요.

그 외에도 게임, 산책, 달달한 것 먹기, 쇼핑하기, 독서 등 찾아보면 수십 가지가 넘는 방법이 있어요. 내게 맞는 것을 찾아 스트레스를 해소하는 것이 가장 좋은 방법이랍니다.

여기서 중요한 것은 건강하게 스트레스를 해소하는 것이야말로 내 삶을 좀 더 풍요롭게 해 주는 지혜로운 인생 관리라는 점을 기억하세요.

나만의 스트레스 해소법이 있나요? 친구들은 어떻게 스트레스를 풀까요? 서로 이야기하는 시간을 가져 보세요.

가로세로 낱말 퀴즈

아래 설명을 읽고 빈칸에 들어갈 낱말을 채워 넣어 보세요.

가로 열쇠

① 스스로 자기의 목숨을 끊음.
③ 팔을 베개 삼아 벰. 또는 베개 삼아 벤 팔.
④ 그날그날의 비, 구름, 바람, 기온 따위가 나타나는 기상 상태를 말해요.
⑦ 여러 사람에게 알릴 내용을 내붙이거나 내 걸어 두루 보게 붙이는 판.
⑨ 한끝에서 다른 한끝까지의 거리.
⑩ 효모나 세균 따위의 미생물이 유기 화합물을 분해하여 알코올류, 유기산류, 이산화탄소 따위를 생기게 하는 작용을 말해요.
⑪ 나무 따위를 가꾸어 얻는, 사람이 먹을 수 있는 열매. 대개 수분이 많고 단맛 또는 신맛이 나지요.

세로 열쇠

② 앞으로 세상에 살아 있을 날을 말해요.
⑤ 씨름을 하는 자리.
⑥ 연예인이나 유명인 등 자신이 롤 모델로 삼고 있던 사람이 자살할 경우, 그 사람과 자신을 비슷하다고 느껴서 따라서 자살 시도하는 행위를 말해요.
⑧ 도시에서 떨어져 한적한 느낌을 주는 시골에 나 있는 길.

정답: ①자살 ②여생 ③팔베개 ④날씨 ⑤씨름판 ⑥베르테르 효과 ⑦게시판 ⑧시골길 ⑨길이 ⑩발효 ⑪과일

 겨울 함박눈

"와아아아!"

일요일 아침. 강물이는 잠에서 깨어 커튼을 열자마자 탄성을 질렀어요. 밤새 내린 함박눈이 세상을 하얗게 만들었거든요. 새하얀 솜이불을 덮은 듯 지붕마다 포근한 눈이 소복소복 쌓여 있었어요. 커다란 눈송이가 하늘에서 펑펑 쏟아지고 있었지요. 자동차 위에 쌓인 눈들이 마치 인절미처럼 보여 웃음이 났어요.

"눈이다, 눈! 엄마! 아빠! 눈 온다!"

"그래? 우리 강물이 일찍 일어났네."

엄마와 아빠가 방문을 열고 나왔어요. 세 사람은 나란히 거실 창문

앞에 서서 눈 내리는 풍경을 바라보았어요. 어느새 일어났는지 솜솜이가 창밖을 보면서 연신 꼬리를 흔들었어요. 하얀 눈이 신기한가 봐요. 펑펑 내리는 함박눈은 정말 오랜만에 보는 풍경이었어요.

"아빠, 오늘 출근 안 해서 다행이다, 생각하지?"

"어이쿠, 우리 딸! 어떻게 알았어?"

"얼굴에 다 쓰여 있어."

"하하하. 앞으론 거짓말 못 하겠네."

"나는 속여도 강물이는 못 속일걸?"

엄마도 옆에서 한마디 거들었어요. 일요일 아침 식사 당번인 아빠가 주방으로 간 뒤에도 엄마와 강물이는 눈 구경을 더 했어요. 엄마와 둘이 창문에 입김을 호 불어 하트를 그렸어요. 매주 맞이하는 일요일인데, 오늘은 마치 처음 맞는 일요일 같은 기분이 들었답니다.

주방에서 고소하고 달콤한 냄새가 나기 시작했어요. 냄새만 맡아도 오늘 아침 메뉴를 알 수 있었어요. 버터 바른 토스트에 노른자가 봉긋하게 살아 있는 달걀프라이!

밖에는 눈이 펑펑 내리고 집 안은 따뜻한 온기와 맛있는 냄새로 가득 찼어요. 엄마가 컵에 우유를 가득 따라 주었어요. 강물이는 갓 구운 토스트에 딸기잼을 발라 입안 가득 넣었어요. 달걀 노른자도 숟가락으로 폭 떠먹었어요. 더 바랄 게 없이 행복한 일요일 아침이에요.

 눈싸움

강물이는 오후에 눈이 그치자 하다와 놀이터로 나갔어요. 눈사람을 만들려고 눈 뭉치를 만들고 있는데 민우 오빠가 왔어요. 하다는 민우 오빠랑 처음 만나는 사이지만 금세 친해졌어요.

"형, 이만큼 만들면 될까?"

"응, 딱 좋네. 잘 만들었는데."

처음 본 사이인데도 꼭 형제처럼 다정했어요. 민우 오빠는 강물이가 만든 눈사람에 나뭇가지를 꽂아 주었어요. 하다가 만든 눈사람에는 눈과 코도 붙여 주었지요. 하다가 신나는 얼굴로 말했어요.

"같이 노니까 진짜 재밌다."

"친구들하고 안 놀았어?"

민우 오빠의 말에 하다의 얼굴이 조금 시무룩해졌어요. 하다는 전학을 오기 전 반 친구들에게 괴롭힘을 당했대요. 엄마 아빠가 이혼을 했다는 사실을 알게 되자, 어느 날 갑자기 친구들이 놀리기 시작하더니 괴롭힘이 점점 심해졌대요. 억지로 노래를 시키고 놀리기도 했다고 했어요. 하다는 노래 부르는 걸 정말 좋아했지만 그때는 노래가 너무 싫었다고 했어요. 강물이는 진심으로 말했어요.

"난 하다가 노래 부르는 거 좋은데."

4장 삶이 주는 행복

"하다가 노래를 잘 불러?"

"엄청 잘 불러. 오빠도 들으면 깜짝 놀랄걸?"

하다는 요즘 트로트뿐만 아니라 발라드랑 랩도 부르기 시작했어요. 못하는 노래가 없는 것 같았어요.

"오빠가 그림 잘 그리는 것만큼, 하다는 노래를 잘해."

"강물이는 자전거를 잘 타지."

민우 오빠가 강물이의 머리를 쓰다듬었어요.

"글도 잘 쓰고."

민우 오빠의 칭찬을 받으니 저절로 웃음이 났어요. 눈을 뭉치는 손에도 힘이 들어갔어요.

"맞아. 강물이도 잘하는 거 있어."

하다도 옆에서 한마디 했어요. 어떤 칭찬을 할까, 강물이는 귀를 쫑긋 세웠어요.

"엄청 잘 먹잖아."

"그건 사실이지."

민우 오빠가 고개를 살며시 끄덕였어요. 입을 삐죽 내민 강물이를 보고 하다는 한 가지가 더 있다고 했어요.

"소리도 엄청 잘 질러."

그러곤 말을 끝내자마자 도망갔어요. 뭐가 웃긴지 민우 오빠가 큰 소

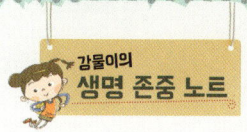

💚 소중한 생명, 어떻게 지켜야 할까?

첫째, 나의 생명을 소중히 여기고 건강하게 삶을 유지해야 해요. 올바른 식습관, 규칙적인 운동, 스트레스 해소, 적극적이고 긍정적인 삶, 정신 건강 등의 노력을 통해 생명을 아끼며 잘 가꾸어 가고 건강하게 유지해 나가야 한답니다.

둘째, 더불어 살고 있는 타인의 생명 역시 나의 생명처럼 존중하고 보호해야 해요. 삶의 작은 부분부터 다른 사람의 유익을 위하고 다른 이들의 삶을 존중하고 그들의 행복을 위해 노력하고 배려해야 하지요.

셋째, 나와 너를 포함한 우리 사회가 생명의 소중함을 인식하고 함께 존중하는 분위기를 만들어야 해요. 생명 존중의 대상은 사람에게만 한정된 것이 아니라 동물과 식물을 포함한 모든 자연이 포함돼요. 한 포기의 풀과 한 그루의 나무, 한 마리 동물 역시 귀하게 여기는 마음을 가지도록 노력해 봐요.

리로 웃기 시작했어요.

"야! 강하다!"

강물이는 뭉치던 눈덩이를 그대로 하다에게 던졌어요. 눈싸움이 시작됐어요. 하지만 하다는 강물이가 던지는 눈 뭉치를 요리조리 잘도 피했어요. 잠시 후, 하다의 반격이 시작됐어요. 미처 눈 뭉치를 만들지 못했던 민우 오빠와 강물이는 도망가기 바빴어요. 민우 오빠가 하다의 눈 뭉치에 맞서는 사이 강물이는 재빨리 눈 뭉치를 만들었어요.

쫓고 쫓기는 추격전이 이어졌어요. 하다와 강물이가 편을 먹고 민우 오빠를 공격하기도 했어요. 민우 오빠는 반칙이라고 했지만 금세 하다와 강물이에게 눈 뭉치를 하나씩 던졌어요. 하다와 민우 오빠와 강물이가 뛰어다닐 때마다 하얀 눈밭 위에 새로운 발자국이 생겼어요.

 생명들의 겨우살이

　며칠 동안 추운 날이 계속됐어요. 내린 눈이 꽁꽁 얼어붙을 만큼 기온이 뚝 떨어졌어요. 강물이도 감기에 걸려서 병원에 다니느라 며칠 고생했어요. 놀이터에서 눈싸움을 하느라 추운지도 몰랐나 봐요. 그 때문에 엄마한테 폭풍 잔소리를 들어야 했지요.
　날이 풀리고 감기도 다 나았어요. 강물이는 해가 지기 전에 아빠와 솜솜이와 산책을 나갔어요. 옷을 두툼하게 입고 마스크도 쓰고 털신도 신었지요. 강물이와 오랜만에 하는 산책에 신이 났는지 솜솜이는 현관에서부터 꼬리를 흔들었어요.

늘 졸졸졸 흐르던 개천의 물들이 얼어 있었어요. 힘차게 헤엄치던 작은 물고기들도 보이지 않았지요. 나뭇잎들을 모두 떨군 나무들은 바람이 불 때마다 빈 가지가 흔들렸어요. 여름 내내 초록이 무성하던 풀들도 모두 숨을 죽이고 있는 것 같았어요.

"아빠, 겨울엔 다 죽는 거야?"

"아니. 그렇지 않아."

"그럼 살아 있어? 나뭇잎도 없고, 꽃도 안 피는데?"

아빠가 걸음을 멈추고 강물이의 옷을 잘 여며 줬어요. 목도리도 풀리지 않게 다시 둘러 주었지요. 두 사람은 장갑 낀 손을 꼭 쥐고 천천히 걸었어요.

"겨울에 풀이나 나무가 죽어 있는 것 같아도 그렇지 않아. 땅속으로 더 깊이 뿌리를 내리는 중이야. 성장을 멈춘 것처럼 보여도 일시적으로 그렇게 보일 뿐, 힘차게 살아가고 있단다."

강물이는 엄마와 사과파이를 구우며 했던 이야기를 아빠에게도 들려주었어요. 익어 가는 동안 힘들어도 기다리면 맛있게 완성된다는 이야기도요. 그리고 민우 오빠 이야기도 했어요.

"민우를 다시 보니까 좋지?"

"응. 엄청 좋아. 오빠가 강물아, 하고 내 이름을 불러 줘서 좋고, 내 편지를 소중히 읽어 줘서 좋아. 그리고 엄마랑 내가 만든 사과파이도

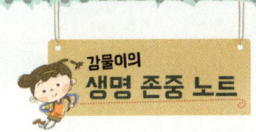

💚 자연도 소중한 생명

지나가는 벌레를 장난 삼아 죽이거나 길가에 핀 꽃이나 나뭇가지를 툭, 하고 꺾어 본 적이 있을 거예요. 모든 생명은 소중하므로 함부로 죽이는 일이 없어야 해요. 사람처럼 아픔을 느끼지 못할 수도 있지만, 이 세상에는 허투루 태어난 게 하나도 없답니다.

우리가 작은 동식물을 함부로 대할 때 느끼는 즐거움이나 재미를 느끼는 것은 우월감 때문이에요. 엄마, 아빠나 선생님한테는 계속 가르침을 받고 하지 말아야 된다는 말을 듣지만, 작은 생명을 내 마음대로 해 보면서 '나도 힘이 세구나.'를 느끼는 것이지요. 하지만 나의 이런 행동으로 동물이나 식물이 약해지거나 병들 수 있어요. 누군가의 보살핌으로 소중하게 자라고 있는데, 그걸 아무 이유도 없이 재미로 해치는 건 생명을 존중하지 않는 행동이에요. 자연에는 우리 인간의 생명도 포함돼요. 내가 사소한 자연물에 애정을 갖고 함부로 대하지 않는다면, 다른 사람한테도 똑같이 대할 수 있을 거예요. 생명 존중의 마음은 이렇게 작은 것에서부터 시작된답니다.

진짜 맛있게 먹었어."

"그래, 누군가의 이름을 불러 주는 것도, 정성껏 쓴 편지를 읽는 것도, 맛있는 사과파이를 먹는 것도 우리가 살아 있기에 경험할 수 있는 행복한 일이지."

"살아 있는 건 정말 좋은 거네."

강물이가 웃으면서 아빠의 손을 꼭 잡았어요. 아빠도 강물이의 손을 더욱 꼭 잡아 주었지요.

"그럼. 좋은 일이지. 그리고 아름다운 일이야. 살아 있는 건 모두 아름다워."

아빠와 강물이와 솜솜이는 돌아오는 길에 나무와 풀들을 다시 찬찬히 살펴보았어요. 겉으로는 죽어 있는 것처럼 보여도 저 안에서는 힘차게 물을 빨아올리고 영양분을 모으고 있을 거예요.

 새해 해돋이

하다와 민우 오빠가 강물이네 집에 놀러 왔어요. 내일 새해를 맞아 강물이네 가족과 함께 해돋이를 보러 가기로 했거든요. 비록 멀리 가지 못하고 앞산에서 보는 해돋이였지만, 새해 아침에 해를 본다는 건 특별

한 일처럼 느껴졌어요.

하다네 할머니가 고구마를 잔뜩 쪄서 주었어요. 민우 오빠네 엄마는 새콤한 귤과 피자를 보내 주었어요. 강물이와 엄마는 사과파이를 굽고 아빠는 치킨을 사 왔어요. 맛있는 게 너무 많아서 뭐부터 먹어야 할지 망설여졌어요.

배불리 먹은 다음에는 아빠가 설거지를 했어요. 아빠는 새해엔 꼭 식기세척기를 사자고 엄마를 졸랐지만 엄마는 여전히 "안 돼!"를 외쳤지요. 하지만 에베레스트산만큼 높은 반대는 아니었어요. 강물이는 아빠를 보면서 입 모양으로 "화이팅!"을 외쳤어요.

밤이 늦도록 귤을 까먹으며 윷놀이를 했어요. 다들 윷놀이를 하면서 얼마나 웃었는지 몰라요. 내일 해돋이만 아니라면 늦게까지 더 놀고 싶었어요. 민우 오빠와 하다와 아빠는 거실에서 이불을 깔고 자고, 강물이는 엄마와 같이 잤어요. 잠이 안 올 것 같았지만 베개에 머리를 대는 순간, 새근새근 잠이 들었지요.

새해 아침, 강물이는 두근거리는 마음으로 새벽에 일어났어요. 엄마는 보온병에 따뜻한 차를 담았어요. 해를 기다리는 동안 호호 불면서 마시면 몸이 따뜻해질 거예요. 해돋이를 보고 난 후엔 강물이네 집에 와서 간단히 아침을 먹기로 했어요.

다섯 사람은 힘차게 집을 나섰어요. 사방이 고요했어요. 하늘엔 아직

별이 총총 남아 있었어요. 소곤소곤 이야기를 나누며 산길을 올랐어요. 아빠가 맨 앞에서 휴대 전화로 밝게 빛을 비춰 주었어요. 강물이는 나무뿌리에 걸려 넘어지지 않도록 조심조심 걸었어요.

어느새 산 전망대에 도착했어요. 부지런히 걸어와서 그런지 더운 김이 나면서 숨이 찼어요. 아직 하늘은 캄캄했어요. 엄마가 따뜻한 차를

골고루 나눠 주었어요. 잠시 후 동쪽 하늘이 조금씩 붉은빛으로 물들기 시작했어요.

"우와와와와와!"

붉은 해가 일렁이며 떠오르기 시작했어요. 구름이 분홍빛으로 물들면서 시시각각 달라졌어요. 검은 하늘이 파란 물감을 한 방울 떨어뜨린 듯 푸른빛으로 변하더니 순식간에 환해졌어요. 평생 잊지 못할 순간이었어요. 그 순간, 누가 먼저랄 것도 없이 한목소리로 외쳤어요.

"모두모두 새해 복 많이 받으세요!"

 다시 봄

긴 겨울이 지나고 봄이 다가오고 있어요. 꽁꽁 얼어붙었던 개천가의 얼음이 녹기 시작했어요. 나무의 우듬지가 연둣빛으로 보송보송해지고 말라 있던 풀들도 조금씩 생기가 돋았어요. 나무엔 꽃망울이 맺히고 뺨에 와 닿는 바람도 한결 보드라워졌어요.

강물이는 4학년이 되었어요. 한 살 더 먹은 만큼 호기심이 더 늘었어요. 학교에서 집으로 오는 시간도 더 늦어졌어요. 새로 사귄 친구랑 떡볶이도 먹고, 하다랑 집에 오는 길에 고양이랑 놀아 주고, 가끔은 개울

가에서 노래 연습도 하고, 자전거를 타고 학교에 간 날이면 언덕에서 내려오는 연습도 몇 번씩 했답니다.

"너 계속 이렇게 놀기만 하면 학원 하나 더 늘릴 거야."

엄마가 가끔 겁주는 말도 했지만 강물이는 믿는 구석이 있었어요. 바로 아빠였어요. 아빠는 어릴 때 실컷 놀아야 한다며 아직은 학원에 많이 안 가도 된다고 했거든요. 그 대신 아빠랑 책을 많이 읽기로 약속했어요.

강물이를 위해 민우 오빠가 그림책을 열 권도 넘게 주었어요. 오빠가 4학년 때 읽었던 그림책이랑 동화책도 주었어요.

"이렇게 다 줘도 돼?"

"응. 괜찮아."

"왜? 이젠 필요 없어?"

민우 오빠가 강물이의 머리를 쓰다듬어 주었어요.

"나보다 강물이한테 필요할 것 같아서. 그리고 네가 더 아껴 줄 것 같아서."

"오빠, 그림책 작가 안 할 거야?"

강물이가 조심스럽게 물었어요. 그러자 민우 오빠가 아까보다 더 활짝 웃었어요. 민우 오빠의 눈이 반달처럼 휘어졌어요.

"안 하는 게 아니고, 못하는 건데?"

"왜 못해! 오빤 할 수 있어. 그림도 엄청 잘 그리잖아."

오빠가 다시 강물이의 머리를 쓰다듬었어요.

"응. 강물이가 잘 그린다면 잘 그리는 거라고 믿을게."

"진짠데. 난 오빠가 그리는 그림이 제일 좋던데."

"그럼 약속 하나 할까?"

민우 오빠가 새끼손가락을 내밀었어요. 강물이도 얼떨결에 새끼손가락을 걸었어요.

"내가 그림책 작가가 될 때까지 이 그림책들은 네가 맡아 줘."

"그럼 나중에 다시 찾아갈 거야?"

"네가 돌려주고 싶은 마음이 들면."

강물이는 좀 망설였어요. 그림책들이 마음에 들었거든요. 그래서 작은 소리로 속삭였지요.

"치, 줄 땐 언제고 또 가져간대."

민우 오빠가 엄청 큰 소리로 웃었어요. 안 들릴 만큼 작은 소리로 말한 줄 알았는데, 다 들렸나 봐요.

"걱정 마. 나만 믿어. 오빠가 보고 싶어 할 때 언제든 빌려줄게."

민우 오빠는 뭔가 홀가분한 표정이 되었어요. 한결 가벼워진 목소리로 이렇게 말했지요.

"다시 보니까 달리 보인다."

"그게 무슨 말이야?"

"힘들다고만 생각했을 땐 세상에 나 혼자인 것 같았는데, 좋은 사람들이 내 옆에 있다는 걸 알고 나니까 예전보다 덜 힘든 것 같아."

"맞아. 오빤 혼자가 아니야. 강물이가 있잖아."

"하하하. 맞아."

"정말 세상이 달리 보여. 봄이라서 그런가?"

강물이는 고개를 갸웃거렸어요. 강물이 눈엔 봄은 봄대로, 여름은 여름대로, 가을은 가을대로, 겨울은 겨울대로 다 달라 보였어요. 민우 오빠는 빙긋 웃기만 했어요. 다시 보니까 달리 보인다는 민우 오빠의 말은 아빠가 하는 말과 비슷한 것도 같았어요. 겨울 풀들이 죽어 있는 것 같아도 보이지 않는 땅속에서 힘껏 뿌리를 내리며 살아 있다고 했어요. 살아 있는 건 모두 아름답다고요.

책 정리를 끝내고 강물이는 민우 오빠와 놀이터로 갔어요. 민우 오빠가 강물이가 탄 그네를 힘껏 밀어 주었어요. 그네가 하늘 높이 떠올랐어요. 놀이터에 웃음소리가 가득 찼어요.

햇빛은 점점 따뜻해질 거예요. 곧 노란 봄꽃들이 필 거예요. 나비도 날아다니겠지요. 연둣빛 나뭇잎들은 초록으로 변해 갈 거예요.

많은 생명들이 살아 있는 봄이 오고 있어요.

생명 존중 선언문

생명은 소중하다. 우리는 생명을 무엇보다 더 사랑하고 존중해야 한다. 인간은 생명이 있음으로써 행복을 비롯하여 여러 가치들을 추구하며 살 수 있다. 우리 사회에 만연한 이기주의, 물질 만능주의, 다른 사람에 대한 배려 부족, 지나친 경쟁 위주의 교육 등은 인간의 생명을 경시하는 원인이 되고 있다. 우리는 이를 극복하고 생명 존중을 위한 핵심적 가치들을 구현함으로써 우리의 삶과 사회를 좀 더 평화롭고 조화롭게 만들어 가야 한다.

1. 생명의 책임성
생명은 우리가 받은 최고의 선물이다. 이 소중한 선물을 귀하게 여기고 존중해야 할 일차적 책임은 바로 우리 자신에게 있다.

2. 생명의 평등성
인간의 생명은 평등하다. 개개인의 다름은 생명 간의 우열을 의미하는 것이 아니므로 사회 경제적, 문화적 불평등을 해소해야 한다.

3. 생명의 안전성
평화로운 삶은 인간의 생명이 안전할 때 가능하다. 안전한 삶을 위해 생명을 위협하는 요소들을 제거해야 한다.

4. 생명의 관계성
인간의 생명은 홀로 존재할 수 없다. 생명은 서로 돕고 격려하며 배려하고 나누는 삶 속에서 더욱 성장하고 풍성해진다.

실천 방안

🌸 개인, 가정, 사회 그리고 국가는 생명 존중을 위한 핵심 가치들을 구현하고 인간 생명의 존엄성을 높이기 위하여 다음 사항들을 실천한다.

🌼 우리는 자신의 생명을 소중하게 여기고, 좋은 생활 습관으로 건강한 삶을 유지하려고 노력해야 한다.

🌼 우리는 다른 사람의 생명을 소중하게 여기고 그 삶을 존중해야 하며, 특히, 사회적 약자의 삶을 배려해야 한다.

🌸 우리는 가정에서 서로에게 모범을 보이는 말과 행동으로 생명 존중을 실천해야 한다.

🌼 우리는 학교에서 인간의 생명이 가치 있고, 존중받아야 한다는 것을 경험할 수 있도록 교육하고 실천해야 한다.

🌼 우리는 직장에서 안전하고 쾌적한 환경을 제공 받아야 하며, 더불어 삶을 통해 조화롭게 성장해야 한다.

🌼 국가는 국민의 건강과 생명을 보호하기 위해 이를 위협하는 사회 환경적 요소들을 제거하고 안전한 삶을 보장해야 한다.

2016. 5. 12.
대통령 소속 국가 생명 윤리 심의 위원회

자신이 소중한 존재라고 여기려면 어떤 긍정적인 생각을 하면 좋을까?

살다 보면 나 자신이 한없이 초라하게 느껴질 때가 있어요. 특히 주변 사람들이 나의 행동에 대해 부정적인 반응이나 나를 무시하는 반응을 보이면 더욱더 움츠러드는 자신을 발견하게 돼요. 하지만 내 인생이고 내 길은 내가 만들어 가는데 주변 사람들의 사소한 반응을 가지고 기죽어 지낼 필요는 없어요. 왜냐하면 나는 정말 소중하니까요.

소중한 나를 위해 할 수 있는 긍정적인 생각을 소개할게요.

첫 번째는 '나는 할 수 있다!'라고 생각하기.

주변에서 뭐라고 말하든 절대 신경 쓰지 말고 "나는 할 수 있다!"라는 생각을 가지고 나 스스로를 믿으며 부단한 노력을 기울이면 언젠가 좋은 일들이 많이 생길 거예요.

두 번째는 남의 시선 신경 쓰지 말고 스스로 당당해지기.

이 세상은 각기 다른 사람들이 살아가고 있는 곳이에요. 그런 세상에서 굳이 내가 싫어하는 일을 남들이 좋아한다는 이유로 같이 할 필요는 없어요. 남들 시선은 신경 쓰지 말고 정말로 내가 좋아하는 일을 찾아 한 우물을 판다면 행복하고 즐겁게 살 수 있을 거예요.

세 번째는 20년 후 미래의 내 모습을 상상하기!

지금 현재 힘들다고 힘들어하거나 괴로워하지 말고, 20년 후, 30년 후 멋진 모습으로 살고 있는 내 모습을 상상한다면 지금의 힘든 일이 즐거운 일로 생각될 수도 있을 거예요.

네 번째는 '힘든 시기는 금세 지나간다!'라고 마음먹기.

힘들고 괴로운 일이 있을 때 '이 또한 지나가리라!'라는 마음을 먹으면 지금의 괴로운 순간도 길지 않게 느껴질 거예요.

다섯 번째는 항상 나 자신을 아끼고 사랑할 것.

내가 나를 사랑해야 나를 존중하는 마음이 생기고 나를 아끼는 마음이 생겨요. 자신을 사랑하지 못하는 사람은 다른 사람도 사랑할 줄 모르는 사람이에요. 그러므로 나 자신을 아끼고 사랑해야 해요.

앞으로 우리 앞에 펼쳐질 세상이 어떤지는 그 누구도 몰라요. 하지만 중요한 것은 나를 믿고 나를 사랑하면서 지금 현재를 살아간다면 우리 모두에게 행복한 미래가 기다리고 있을 거예요.

이 외에 여러분만이 알고 있는 긍정적인 생각이 있나요? 만약 힘들어하는 친구들에게 여러분은 어떤 생각을 하라고 얘기해 주고 싶은가요?

선 긋기

왼쪽의 설명을 읽고, 해당되는 '생명 존중의 권리'에 선을 그어 보세요.

1 인간의 생명은 평등하다. 개개인의 다름은 생명 간의 우열을 의미하는 것이 아니므로 사회 경제적, 문화적 불평등을 해소해야 한다.

Ⓐ 생명의 책임성

2 인간의 생명은 홀로 존재할 수 없다. 생명은 서로 돕고 격려하며 배려하고 나누는 삶 속에서 더욱 성장하고 풍성해진다.

Ⓑ 생명의 평등성

3 생명은 우리가 받은 최고의 선물이다. 이 소중한 선물을 귀하게 여기고 존중해야 할 일차적 책임은 바로 우리 자신에게 있다.

Ⓒ 생명의 안전성

4 평화로운 삶은 인간의 생명이 안전할 때 가능하다. 안전한 삶을 위해 생명을 위협하는 요소들을 제거해야 한다.

Ⓓ 생명의 관계성

정답: ①-Ⓑ, ②-Ⓓ, ③-Ⓐ, ④-Ⓒ

> 어려운 용어를 파헤치자!

겨우살이 겨울 동안 먹고 입고 지낼 옷가지나 양식 따위를 통틀어 이르는 말이에요.

버킷 리스트 죽기 전에 꼭 해보고 싶은 일을 적은 목록을 말해요.

베르테르 효과 연예인이나 유명인 등 자신이 롤 모델로 삼고 있던 사람이 자살할 경우, 그 사람과 자신을 비슷하다고 느껴서 따라서 자살을 시도하는 행위를 말해요. 18세기 독일 괴테의 소설 『젊은 베르테르의 슬픔』의 주인공 베르테르가 권총 자살을 하면서 책을 읽은 독자들이 베르테르처럼 자살한 데서 유래한 말이지요.

스트레스 적응하기 어려운 환경에 처할 때 느끼는 심리적·신체적 긴장 상태. 장기적으로 지속되면 심장병, 위궤양, 고혈압 따위의 신체적 질환을 일으키기도 하고 불면증, 신경증, 우울증 따위의 심리적 부적응을 나타나기도 해요.

애도 사람의 죽음을 슬퍼하는 것으로, 자신에게 중요한 대상을 상실했을 때 나타나는 정서적 고통을 애도라고 해요. 사랑하는 가족이나 연인을 잃었을 때 이런 감정이 들지요.

우울증 기분이 언짢아 명랑하지 않은 심리 상태. 흔히 고민, 무능, 비관, 염세, 허무 관념 따위에 사로잡혀요.

파파게노 효과 자살의 부정적 측면을 강조해 모방 자살이 발생하지 않도록 유도하고, 언론 보도 자제를 통해 자살을 예방하는 걸 말해요.

호스피스 죽음을 앞둔 환자가 평안한 임종을 맞도록 위안과 안락을 베푸는 특수 병원이나 봉사 활동을 말해요.

> 소중한 생명 관련 사이트

보건 복지부 국립 정신 건강 센터 www.ncmh.go.kr
학교 폭력의 두려움, 알 수 없는 미래의 불안, 우울한 일상의 고통, 마음을 짓누르는 스트레스 등 다양한 사례를 통해 우리나라 국민들의 정신 건강을 회복하는 데 도움을 주는 국가 기관이에요.

G-health 온라인 민원 서비스 www.g-health.kr
보건 관련 정보를 제공하는 온라인 사이트예요. 전국의 보건 기관을 한눈에 알아볼 수 있고, 아동 청소년 정신 건강에 관한 자료를 찾아볼 수 있어요.

청소년 모바일 상담 센터 다들어줄개 teentalk.or.kr
청소년들의 정신 건강 증진을 위해 설립된 곳으로, 청소년 눈높이에 맞는 높은 접근성을 지닌 SNS 상담서비스 '다들어줄개'를 365일 24시간 제공하고 있어요. 청소년들이 직접 참여하는 서포터즈 활동을 통해 늘 청소년들과 함께 그들의 고민을 나누고 있지요.

사이버1388 청소년 상담 센터 www.cyber1388.kr:447
여성 가족부에서 주관하고 한국 청소년 상담 복지 개발원에서 위탁 운영하고 있는 청소년 및 부모 대상 전문 심리 상담 센터예요. 청소년에게 친숙한 인터넷을 활용하여 가족 갈등, 교우 관계 문제, 학업 중단, 가출, 인터넷 중독, 진로 및 학업 문제 등을 경험하는 청소년에게 상담 서비스를 제공함으로써 건강한 성장을 돕습니다. 만 9~24세 청소년 및 부모를 대상으로 서비스를 제공하고 있답니다.

신나는 토론을 위한 맞춤 가이드

강물이와 함께 삶과 죽음, 생명 존중의 소중함에 대해서 알아본 시간이 유익했나요? 그동안 배운 내용으로 진짜 토론을 해 볼 시간이에요. 토론을 잘하려면 올바른 지식과 다양한 정보가 바탕이 되어야 해요. 책을 다 읽고 친구 또는 부모님과 함께 신나게 토론해 봐요!

잠깐! 토론과 토의는 뭐가 다르지?

토론과 토의는 모두 어떤 문제를 해결하기 위해 의견을 나누는 일입니다. 하지만 주제와 형식이 조금씩 달라요. 토의는 여러 사람의 다양한 의견을 한데 모아 협동하는 일이, 토론은 논리적인 근거로 상대방을 설득하는 일이 중요합니다. 토의는 누군가를 설득하거나 이겨야 하는 것이 아니기 때문에 서로 협력해서 생각의 폭을 넓히고 좋은 결정을 내릴 때 필요해요. 반면 토론은 한 문제를 놓고 찬성과 반대로 나뉘어 서로 대립하는 과정을 거치지요. 넓은 의미에서 토론은 토의까지 포함하는 경우가 많습니다. 토론과 토의 모두 논리적으로 생각 체계를 세우고, 사고력과 창의성을 높이는 데 도움을 준답니다.

토론의 올바른 자세

말하는 사람
1. 자신의 말이 잘 전달되도록 또박또박 말해요.
2. 바닥이나 책상을 보지 말고 앞을 보고 말해요.
3. 상대방이 자신의 주장과 달라도 존중해 주어요.
4. 주어진 시간에만 말을 해요.
5. 할 말을 미리 간단히 적어 두면 좋아요.

듣는 사람
1. 상대방에게 집중하면서 어떤 말을 하는지 열심히 들어요.
2. 비스듬히 앉지 말고 단정한 자세를 해요.
3. 상대방이 말하는 중간에 끼어들지 않아요.
4. 다른 사람과 떠들거나 딴짓을 하지 않아요.
5. 상대방의 말을 적으며 자기 생각과 비교해 봐요.

체계적으로 생각하기

이웃의 슬픔을 추모하는 마음가짐은 어떤 걸까요?

다음은 세월호 참사 5주기를 맞이한 추모 행사에 대한 글이에요. 아래 글을 읽고 질문에 대해 여러분의 생각을 정리해 보세요.

2019년 세월호 참사 5주기를 맞아 안산시 단원고에서는 추모 행사가 열렸어요. 5년 전 수학여행을 떠났다가 안타깝게 목숨을 잃은 선배와 선생님 261명을 기리기 위해 '다시 봄, 희망을 품다.'라는 행사를 연 것이지요.

"선배님들을 이제 볼 수 없지만, 이렇게 추모 행사를 하면 함께 있다는 느낌을 받아요."
"너무 슬프고 힘들어서 잊고 싶지만 절대 잊혀지지 않은 사고예요. 그리고 잊을 수 없는 친구들이고요."
"세상을 떠난 선배들뿐만 아니라 지금도 고통받는 유가족 분들을 위해서 이 행사를 기획했어요. 우리가 오래오래 잊지 않고 기억하고 있다는 것을 알려 주고 싶어요."

단원고 강당에서 진행된 추모 행사에는 교복을 입고 노란색 스카프를 목에 두른 2학년생 150여 명이 참석했어요. 1, 3학년 학생들도 교실에서 방송을 통해 행사를 지켜봤지요. 합창단이 추모곡을 부를 때는 강당 여기저기서 울음이 터져 나왔어요. 행사에 참여한 한 유가족은 학생들에게 "세월호 참사를 슬퍼하는 것에서 끝내지 말고 희망의 기억으로 간직했으면 좋겠다."고 말했어요. "민주주의와 안전 교육의 중요성에 대해서 반드시 기억해 달라."고 부탁했지요.

추모 행사는 안산 교육 지원청에 설치된 '단원고 4·16 기억교실'로 이어졌어요. 이곳은 세월호 참사로 희생된 단원고 학생들의 교실을 재현한 곳이지요. 추모객들은 노란색 바람개비를 들고 교실을 둘러봤어요.

1. 여러분은 세월호 참사에 대해 얼마나 알고 있나요? 정확히 어떤 사건이었는지 부모님에게 물어보거나 인터넷 검색을 통해 정리해 보세요.

2. 세월호 참사를 추모하고 기억하는 방식으로 시민들은 어떤 방법을 택하고 있나요? 글에서뿐만 아니라 다양한 방식으로 조사해 보세요.

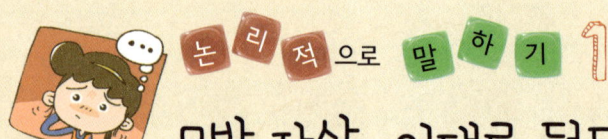

모방 자살, 이대로 둬도 될까요?

유명인의 자살이 전염된다는 연구가 더러 있어요. 아래 통계를 살펴보고 친구들과 의견을 나누어 봅시다.

2019년 자살로 사망한 사람은 인구 10만 명당 26.6명으로 1년 전보다 2.3명(9.5%) 증가했어요. 이 같은 증가 폭은 글로벌 금융 위기였던 2009년(19.2%) 이후 가장 큰 수치예요. 하루 평균 자살로 인한 사망자는 2018년 기준 37.5명이라고 해요. 경제 협력 개발 기구(OECD)가 집계하는 방식대로 추산한 한국의 '연령 표준화 자살률'은 2018년 기준 24.7명으로 OECD 회원국 중 가장 높았지요. OECD 회원국의 평균 자살률은 2017년 기준 11.5명이었어요. 우리나라 자살 사망자가 전년 대비 왜 이렇게 증가했을까요? 보건 복지부에 따르면, 한두 가지 요인만으로 설명하기는 어렵다면서, 언론을 통해 보도된 유명인 자살 사건들이 모방 자살 등도 영향을 미쳤을 거라고 설명했어요. 너무 힘들면 자살할 수 있겠지, 하는 허용적 태도도 이유일 거라고 설명했지요.

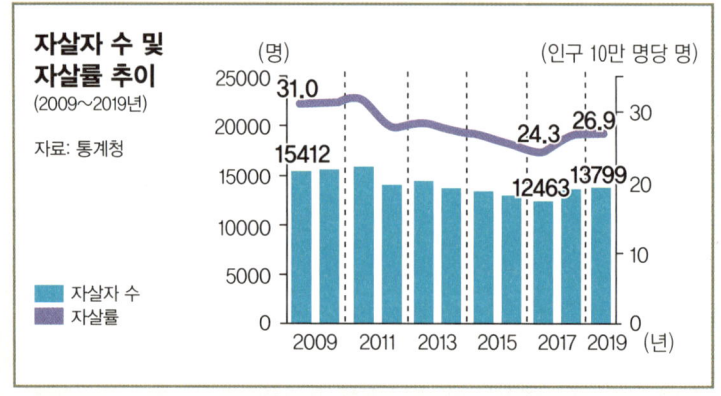

1. 유명인의 자살을 알리지 말아야 할까요? 아니면 사람들의 알 권리를 위해 지금처럼 알려야 할까요? 어떻게 해야 하는지 친구들과 의견을 나누어 봅시다.

의견 : 알리지 말아야 한다.
이유 :

의견 : 알려야 한다.
이유 :

2. 사회가 혼란스러울 경우에 유명인의 자살 보도로 인한 모방 자살이 급증한다고 해요. 왜 사람들은 모방 자살을 하게 되는 걸까요?

스트레스를 날려 버려요!

스트레스는 만병의 근원이라고 해요. 그래서 어떤 사람들은 먹는 것으로 스트레스를 날려 버리기도 하지요. 기사를 읽으며 나는 스트레스를 날리기 위해 어떤 행동을 하는지 말해 보세요.

설날이나 추석 등 명절 연휴에는 매운 음식 주문이 크게 늘어난다고 해요. 이른바 '명절 스트레스'를 매운맛으로 해소하는 사람들이 많다는 뜻이겠죠.
한 배달업체의 통계에 따르면 최근 3년(2017~2019년)간 설 연휴에 '매운'이라는 단어가 들어간 음식을 주문한 수가 명절 전 주와 비교했을 때 매년 300% 이상 증가했다고 해요. 주부의 경우 명절 음식 준비와 집안일로 쌓인 스트레스를 매운맛으로 해소하려는 것일 테고요, 기름진 명절 음식에 질려서 매운맛을 찾는 것일 수도 있지요.
달콤한 맛을 찾는 이들도 많아요. 설 연휴 동안 카페·디저트 주문 수도 매년 300%씩 증가했다는 것이 그 증거지요.

1. 스트레스가 너무 심하면 극단적인 선택으로 이어지기까지 해요. 여러분은 언제 스트레스를 받나요? 각자 이야기해 보세요.

2. 여러분은 스트레스를 풀기 위해 무슨 방법을 쓰고 있나요? 친구들과 스트레스를 풀기 위해 노력했던 방법을 모두 이야기해 보세요.

나에게 힘을 주는 사람은 누구일까요?

내가 가장 힘들 때 나에게 위로와 격려가 되는 사람이 있나요? 그 사람은 누구이고, 왜 힘이 되는지 그 이유를 생각해 봅시다.

이름 :

그 이유는?

이름 :

그 이유는?

이름 :

그 이유는?

예시 답안

이웃의 슬픔을 추모하는 마음가짐은 어떤 걸까요?

1. 2014년 4월 16일 전라남도 진도군 해상에서 여객선 세월호가 전복되어 침몰한 사고이다. 당시 수학여행 중이던 안산시의 단원고등학교 학생이 주로 탑승하고 있었는데, 이 사고로 시신 미수습자 5명을 포함하여 304명이 사망했다.
2. 추모 행사에서 노란색 스카프를 두르거나 노란색 바람개비 들기, 세월호 리본 배지를 가방이나 옷 등에 달기, 세월호 관련 책 읽기, 세월호 관련 노래 부르기 등

모방 자살, 이대로 둬도 될까요?

1. **알리지 말아야 한다.**
   이유 : 유명 인사의 자살은 사람들에게 정서적 충격이 훨씬 더 크기 때문이다.
   알려야 한다.
   이유 : 유명인이 자살했다고 해서 멀쩡하게 잘 살고 있는 사람이 무조건 따라서 자살하지는 않는다. 그러므로 팬의 입장에서 유명인의 생사 여부를 알 권리가 있다고 생각한다.
2. 실업을 했거나 경제적으로 힘들 때, 또는 이혼 등으로 가정이 불안할 때 사람들은 평소보다 불안함을 느낀다. 이때 자살로 사망한 유명인을 영웅시 하는 보도를 접하게 되면 사람들은 자살을 긍정적으로 인식하게 되어 모방 자살을 하는 경우가 생긴다.

스트레스를 날려 버려요!

1. 놀고 싶은데 공부하라고 할 때, 학원 숙제가 밀렸을 때, 친구가 나보다 좋은 물건을 가졌을 때, 엄마가 다른 애하고 날 비교했을 때, 친구가 나를 따돌렸을 때 등
2. 게임, 큰 소리로 노래 부르기, 춤추기, 달달한 사탕이나 아이스크림 먹기, 맛있는 음식 먹기 등

정가 480,000원

개념 수학 (1단계) ① 양치기 소년은 연산을 못한대(수와 연산) ② 견우와 직녀가 분수 때문에 싸웠대(수와 연산) ③ 헨젤과 그레텔은 도형이 너무 어려워(도형) ④ 쉿! 신데렐라는 시계를 못 본대(측정) ⑤ 알쏭달쏭 알라딘은 단위가 헷갈려(측정) ⑥ 떡장수 할머니와 호랑이는 구구단을 몰라(규칙성) ⑦ 아기 염소는 경우의 수로 늑대를 이겼어(자료와 가능성) ⑧ 개념 수학 1단계-백점맞는 수학 문장제 (2단계) ⑨ 가우스, 동화 나라의 사라진 0을 찾아라(수와 연산) ⑩ 가우스는 소수 대결로 마녀들을 물리쳤어(수와 연산) ⑪ 앨런, 분수와 소수로 악당 히들러를 쫓아내라(수와 연산) ⑫ 오일러와 피노키오는 도형충 대회 1등을 했어(도형) ⑬ 오일러, 오즈의 입체도형 마법사를 찾아라(도형) ⑭ 유클리드, 플라톤의 진리를 찾아 도형 왕국을 구하라(도형) ⑮ 아르키는 어림하기로 걸리버 아저씨를 구했어(측정) ⑯ 페르마, 수리수리 규칙을 찾아라(규칙성) ⑰ 피보나치, 수를 배열해 비밀의 방을 탈출하라(규칙성) ⑱ 파스칼은 통계 정리로 나쁜 왕을 혼내줬어(자료와 가능성) ⑲ 개념 수학 2단계-백점맞는 수학 문장제 (3단계)⑳ 약수와 배수로 유령 선장을 이긴 15소년(수와 연산) ㉑ 입체도형으로 수학왕이 된 앨리스(도형) ㉒ 원주율로 떠나는 오디세우스의 수학 모험(측정) ㉓ 비례배분으로 보물섬을 발견한 해적 실버(규칙성) ㉔ 로미오와 줄리엣이 첫눈에 반할 확률은?(자료와 가능성) ㉕ 개념 수학 3단계-백점맞는 수학 문장제
융합 수학 ㉖ 쌍둥이 건물 속 대칭축을 찾아라(건축) ㉗ 열차와 배에서 배수와 약수를 찾아라(교통) ㉘ 스포츠 속 황금 각도를 찾아라(스포츠) ㉙ 옷과 음식에도 단위의 비밀이 있다고?(음식과 패션) ㉚ 꽃잎의 개수에 담긴 수열의 비밀(자연)
창의 수학 ㉛ 퍼즐탐정 셜링홈즈1-외계인 스콜피오스의 음모 ㉜ 퍼즐탐정 셜링홈즈2-315일간의 우주여행 ㉝ 퍼즐탐정 셜링홈즈3-뒤죽박죽 백설공주 구출 작전 ㉞ 퍼즐탐정 셜링홈즈4-'지지리 마란드리'의 방학숙제 대작전 ㉟ 퍼즐탐정 셜링홈즈5-수학자 '더하기를 모테'와 한판 승부 ㊱ 퍼즐탐정 셜링홈즈6-설국언저 기관사 '얼어도 달리능기라' ㊲ 퍼즐탐정 셜링홈즈7-해설 및 정답
개념 사전 ㊳ 수학 개념 사전 1(수와 연산) ㊴ 수학 개념 사전 2(도형) ㊵ 수학개념사전 3(측정/규칙성/자료와 가능성)